RECORTA Y CONSTRUYE

NOTRE DAME

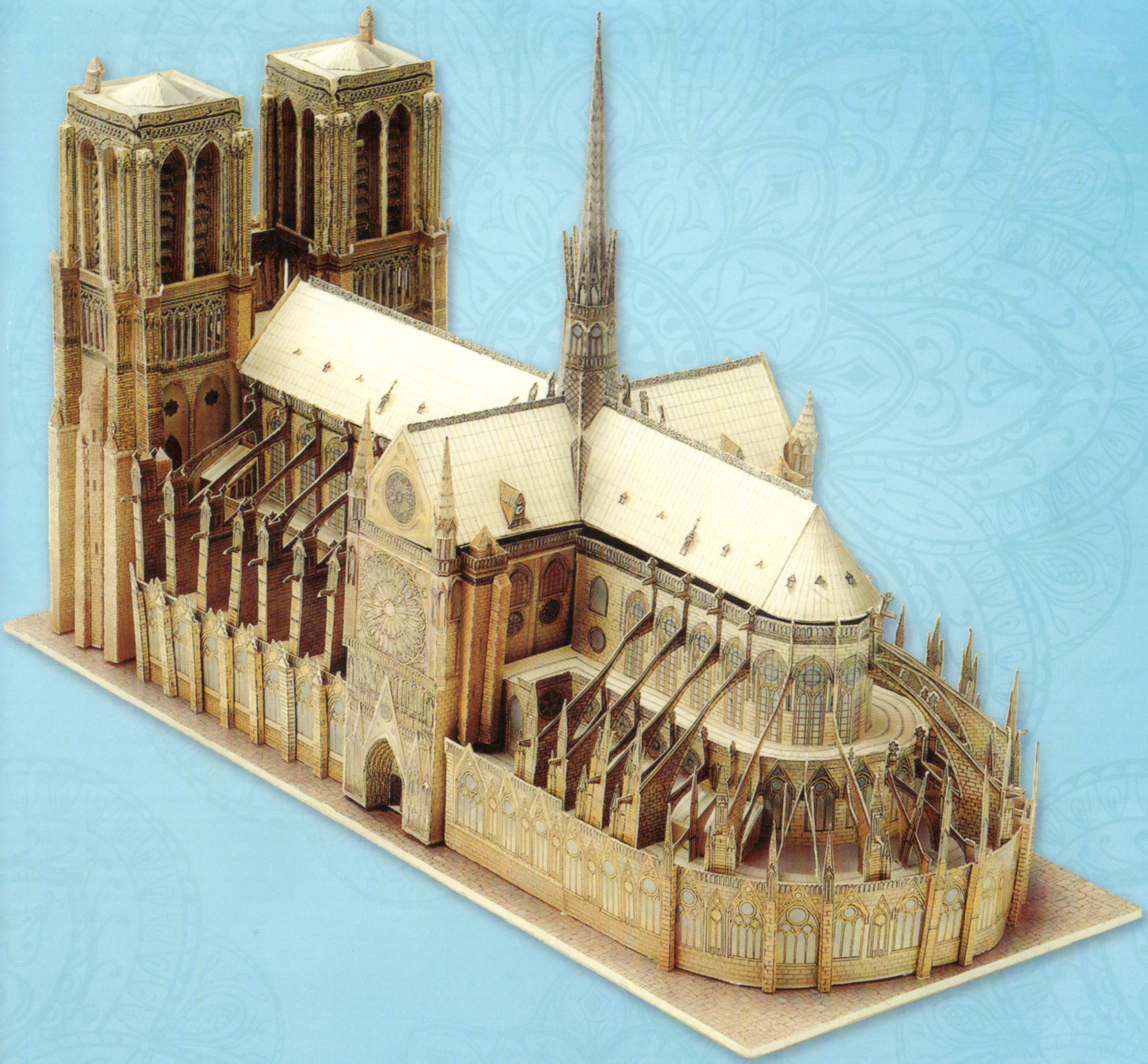

susaeta

CÓMO CONSTRUIR NOTRE DAME DE PARÍS

Para montar esta maqueta necesitas tijeras, una cuchilla, un lápiz, regla, cola rápida, un trozo de cartón duro como soporte para recortar y otro para pegarlo debajo de las bases de la maqueta. Conviene leer las instrucciones antes de empezar. Las líneas punteadas indican dónde tienes que marcar con la punta de las tijeras para que te resulte más fácil doblar, y las líneas negras por dónde debes recortar. Procura no apretar muy fuerte cuando marques para no romper el papel.

Antes de recortar y pegar observa el dibujo. Apunta siempre el número en el dorso de la pieza recortada. Las zonas de color ocre (plano) indican dónde tienes que pegar algo.

Para que te hagas una idea de la estructura y etapas de su construcción, hemos hecho la catedral por módulos desmontables, que también se pueden pegar definitivamente.

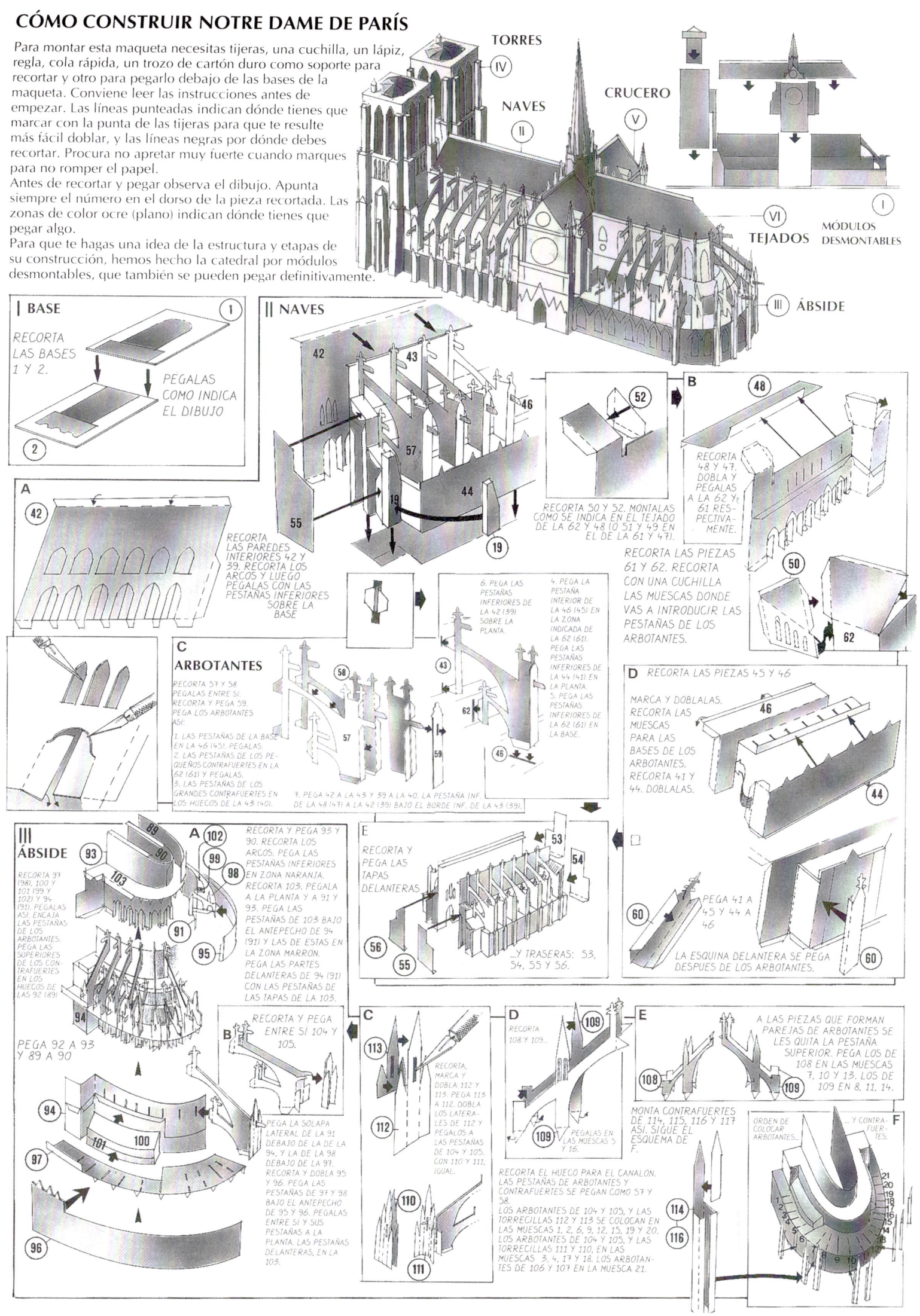

TORRES IV

NAVES II

CRUCERO V

TEJADOS VI

MÓDULOS DESMONTABLES I

ÁBSIDE III

I BASE

RECORTA LAS BASES 1 Y 2.

PÉGALAS COMO INDICA EL DIBUJO

II NAVES

A

RECORTA LAS PAREDES INTERIORES 42 Y 39. RECORTA LOS ARCOS Y LUEGO PÉGALAS CON LAS PESTAÑAS INFERIORES SOBRE LA BASE

C ARBOTANTES

RECORTA 57 Y 58 PÉGALAS ENTRE SÍ. RECORTA Y PEGA 59. PEGA LOS ARBOTANTES ASÍ:

1. LAS PESTAÑAS DE LA BASE EN LA 46 (45). PÉGALAS.
2. LAS PESTAÑAS DE LOS PEQUEÑOS CONTRAFUERTES EN LA 62 (61) Y PÉGALAS.
3. LAS PESTAÑAS DE LOS GRANDES CONTRAFUERTES EN LOS HUECOS DE LA 43 (40).

7. PEGA 42 A LA 43 Y 39 A LA 40. LA PESTAÑA INF. DE LA 48 (47) A LA 42 (39) BAJO EL BORDE INF. DE LA 43 (39).

6. PEGA LAS PESTAÑAS INFERIORES DE LA 42 (39) SOBRE LA PLANTA.

4. PEGA LA PESTAÑA INTERIOR DE LA 46 (45) EN LA ZONA INDICADA DE LA 62 (61). PEGA LAS PESTAÑAS INFERIORES DE LA 44 (41) EN LA PLANTA.
5. PEGA LAS PESTAÑAS INFERIORES DE LA 62 (61) EN LA BASE.

RECORTA 50 Y 52. MÓNTALAS COMO SE INDICA EN EL TEJADO DE LA 62 Y 48 (O 51 Y 49 EN EL DE LA 61 Y 47).

B

RECORTA 48 Y 47. DOBLA Y PÉGALAS A LA 62 Y 61 RESPECTIVAMENTE.

RECORTA LAS PIEZAS 61 Y 62. RECORTA CON UNA CUCHILLA LAS MUESCAS DONDE VAS A INTRODUCIR LAS PESTAÑAS DE LOS ARBOTANTES.

D RECORTA LAS PIEZAS 45 Y 46

MARCA Y DÓBLALAS. RECORTA LAS MUESCAS PARA LAS BASES DE LOS ARBOTANTES. RECORTA 41 Y 44. DÓBLALAS.

PEGA 41 A 45 Y 44 A 46

LA ESQUINA DELANTERA SE PEGA DESPUÉS DE LOS ARBOTANTES.

E

RECORTA Y PEGA LAS TAPAS DELANTERAS

...Y TRASERAS: 53, 54, 55 Y 56.

III ÁBSIDE

RECORTA 97 (98), 100 Y 101 (99 Y 102) Y 94 (91). PÉGALAS ASÍ. ENCAJA LAS PESTAÑAS DE LOS ARBOTANTES. PEGA LAS SUPERIORES DE LOS CONTRAFUERTES EN LOS HUECOS DE LAS 92 (89)

PEGA 92 A 93 Y 89 A 90

A

RECORTA Y PEGA 93 Y 90. RECORTA LOS ARCOS. PEGA LAS PESTAÑAS INFERIORES EN ZONA NARANJA. RECORTA 103. PÉGALA A LA PLANTA Y A 91 Y 93. PEGA LAS PESTAÑAS DE 103 BAJO EL ANTEPECHO DE 94 (91) Y LAS DE ÉSTAS EN LA ZONA MARRÓN. PEGA LAS PARTES DELANTERAS DE 94 (91) CON LAS PESTAÑAS DE LAS TAPAS DE LA 103.

B RECORTA Y PEGA ENTRE SÍ 104 Y 105.

PEGA LA SOLAPA LATERAL DE LA 91 DEBAJO DE LA DE LA 94. Y LA DE LA 98 DEBAJO DE LA 97. RECORTA Y DOBLA 95 Y 96. PEGA LAS PESTAÑAS DE 97 Y 98 BAJO EL ANTEPECHO DE 95 Y 96. PÉGALAS ENTRE SÍ Y SUS PESTAÑAS A LA PLANTA. LAS PESTAÑAS DELANTERAS, EN LA 103.

C

RECORTA, MARCA Y DOBLA 112 Y 113. PEGA 113 A 112. DOBLA LOS LATERALES DE 112 Y PÉGALOS A LAS PESTAÑAS DE 104 Y 105. CON 110 Y 111, IGUAL.

D

RECORTA 108 Y 109...

...PÉGALAS EN LAS MUESCAS 5 Y 16.

E

A LAS PIEZAS QUE FORMAN PAREJAS DE ARBOTANTES SE LES QUITA LA PESTAÑA SUPERIOR. PEGA LOS DE 108 EN LAS MUESCAS 7, 10 Y 13. LOS DE 109 EN 8, 11, 14.

MONTA CONTRAFUERTES DE 114, 115, 116 Y 117 ASÍ. SIGUE EL ESQUEMA DE F.

RECORTA EL HUECO PARA EL CANALÓN. LAS PESTAÑAS DE ARBOTANTES Y CONTRAFUERTES SE PEGAN COMO 57 Y 58.
LOS ARBOTANTES DE 104 Y 105, Y LAS TORRECILLAS 112 Y 113 SE COLOCAN EN LAS MUESCAS 1, 2, 6, 9, 12, 15, 19 Y 20.
LOS ARBOTANTES DE 104 Y 105, Y LAS TORRECILLAS 111 Y 110, EN LAS MUESCAS 3, 4, 17 Y 18. LOS ARBOTANTES DE 106 Y 107 EN LA MUESCA 21.

F

ORDEN DE COLOCAR ARBOTANTES...

...Y CONTRAFUERTES.

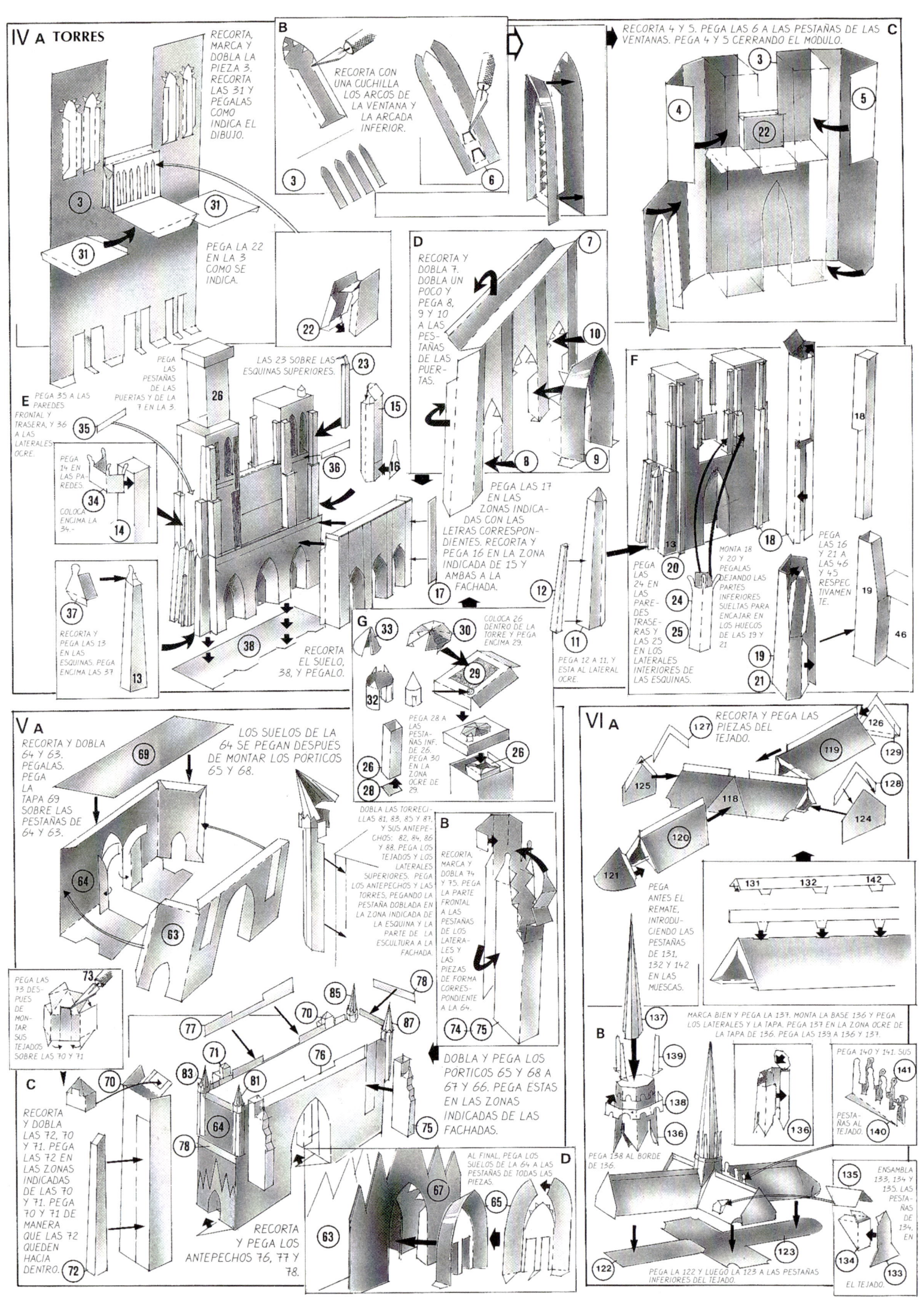

IV A TORRES

B RECORTA, MARCA Y DOBLA LA PIEZA 3. RECORTA LAS 31 Y PEGALAS COMO INDICA EL DIBUJO.

3 31

31

RECORTA CON UNA CUCHILLA LOS ARCOS DE LA VENTANA Y LA ARCADA INFERIOR.

3

6

PEGA LA 22 EN LA 3 COMO SE INDICA.

22

C RECORTA 4 Y 5. PEGA LAS 6 A LAS PESTAÑAS DE LAS VENTANAS. PEGA 4 Y 5 CERRANDO EL MODULO.

3
4
22
5

D RECORTA Y DOBLA 7. DOBLA UN POCO Y PEGA 8, 9 Y 10 A LAS PESTAÑAS DE LAS PUERTAS.

7
10
8
9

E PEGA 35 A LAS PAREDES FRONTAL Y TRASERA, Y 36 A LAS LATERALES OCRE.

35

PEGA 14 EN LAS PAREDES.

34

COLOCA ENCIMA LA 34.

14

37

RECORTA Y PEGA LAS 13 EN LAS ESQUINAS. PEGA ENCIMA LAS 37

13

PEGA LAS PESTAÑAS DE LAS PUERTAS DE LA 7 Y EN LA 3.

26

LAS 23 SOBRE LAS ESQUINAS SUPERIORES.

23

36

16

15

17

PEGA LAS 17 EN LAS ZONAS INDICADAS CON LAS LETRAS CORRESPONDIENTES. RECORTA Y PEGA 16 EN LA ZONA INDICADA DE 15 Y AMBAS A LA FACHADA.

38

RECORTA EL SUELO, 38, Y PEGALO.

G

33
32
30
29
28
26
26

PEGA 28 A LAS PESTAÑAS INF. DE 26. PEGA 30 EN LA ZONA OCRE DE 29.

COLOCA 26 DENTRO DE LA TORRE Y PEGA ENCIMA 29.

12
11

PEGA 12 A 11, Y ESTA AL LATERAL OCRE.

F

13
20
24
25
19
21
18
18

MONTA 18 Y 20 Y PEGALAS DEJANDO LAS PARTES INFERIORES SUELTAS PARA ENCAJAR EN LOS HUECOS DE LAS 19 Y 21

PEGA LAS 24 EN LAS PAREDES TRASERAS Y LAS 25 EN LOS LATERALES INTERIORES DE LAS ESQUINAS.

PEGA LAS 16 Y 21 A LAS 46 Y 45 RESPECTIVAMENTE.

19
46

V A

RECORTA Y DOBLA 64 Y 63. PEGALAS. PEGA LA TAPA 69 SOBRE LAS PESTAÑAS DE 64 Y 63.

69
64
63

LOS SUELOS DE LA 64 SE PEGAN DESPUES DE MONTAR LOS PORTICOS 65 Y 68.

PEGA LAS 73 DESPUES DE MONTAR SUS TEJADOS SOBRE LAS 70 Y 71.

73

C RECORTA Y DOBLA LAS 72, 70 Y 71. PEGA LAS 72 EN LAS ZONAS INDICADAS DE LAS 70 Y 71. PEGA 70 Y 71 DE MANERA QUE LAS 72 QUEDEN HACIA DENTRO.

72
70

DOBLA LAS TORRECILLAS 81, 83, 85 Y 87 Y SUS ANTEPECHOS: 82, 84, 86 Y 88. PEGA LOS TEJADOS Y LOS LATERALES SUPERIORES. PEGA LOS ANTEPECHOS Y LAS TORRES, PEGANDO LA PESTAÑA DOBLADA EN LA ZONA INDICADA DE LA ESQUINA Y LA PARTE DE LA ESCULTURA A LA FACHADA.

B RECORTA, MARCA Y DOBLA 74 Y 75. PEGA LA PARTE FRONTAL A LAS PESTAÑAS DE LOS LATERALES Y LAS PIEZAS DE FORMA CORRESPONDIENTE A LA 64.

74 75

77
70
85
78
71
76
83
81
87
64
78
75

DOBLA Y PEGA LOS PORTICOS 65 Y 68 A 67 Y 66. PEGA ESTAS EN LAS ZONAS INDICADAS DE LAS FACHADAS.

RECORTA Y PEGA LOS ANTEPECHOS 76, 77 Y 78.

AL FINAL, PEGA LOS SUELOS DE LA 64 A LAS PESTAÑAS DE TODAS LAS PIEZAS.

67
65
63

D

VI A

RECORTA Y PEGA LAS PIEZAS DEL TEJADO.

127
126
119
129
125
128
118
124
120
121

PEGA ANTES EL REMATE, INTRODUCIENDO LAS PESTAÑAS DE 131, 132 Y 142 EN LAS MUESCAS.

131 132 142

MARCA BIEN Y PEGA LA 137. MONTA LA BASE 136 Y PEGA LOS LATERALES Y LA TAPA. PEGA 137 EN LA ZONA OCRE DE LA TAPA DE 136. PEGA LAS 139 A 136 Y 137.

B

137
139
138
136

PEGA 138 AL BORDE DE 136.

136

PEGA 140 Y 141. SUS

141

PESTAÑAS AL TEJADO.

140

135

ENSAMBLA 133, 134 Y 135. LAS PESTAÑAS DE 134, EN EL TEJADO.

134
133

122
123

PEGA LA 122 Y LUEGO LA 123 A LAS PESTAÑAS INFERIORES DEL TEJADO.

69

67

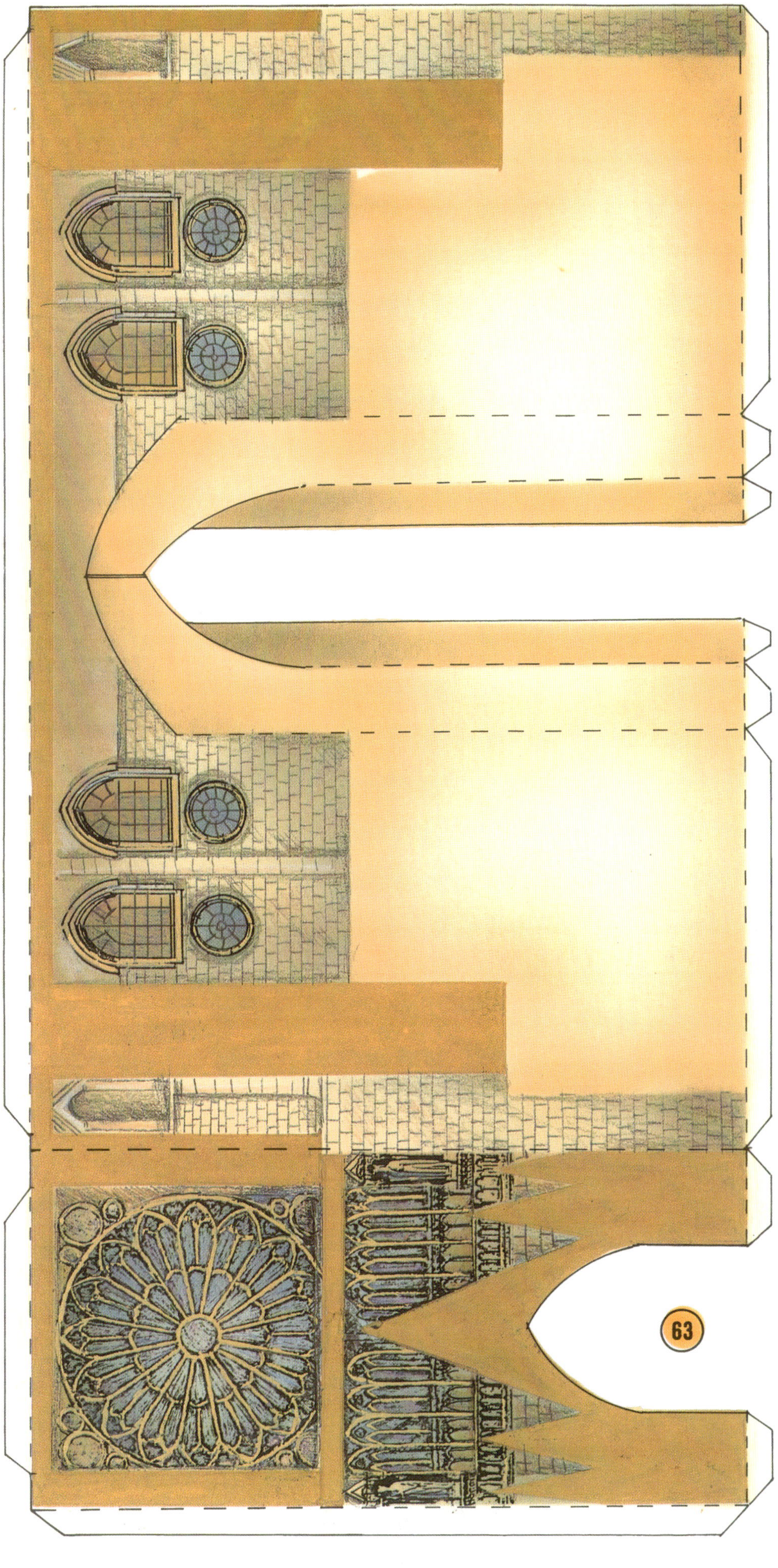

63

80

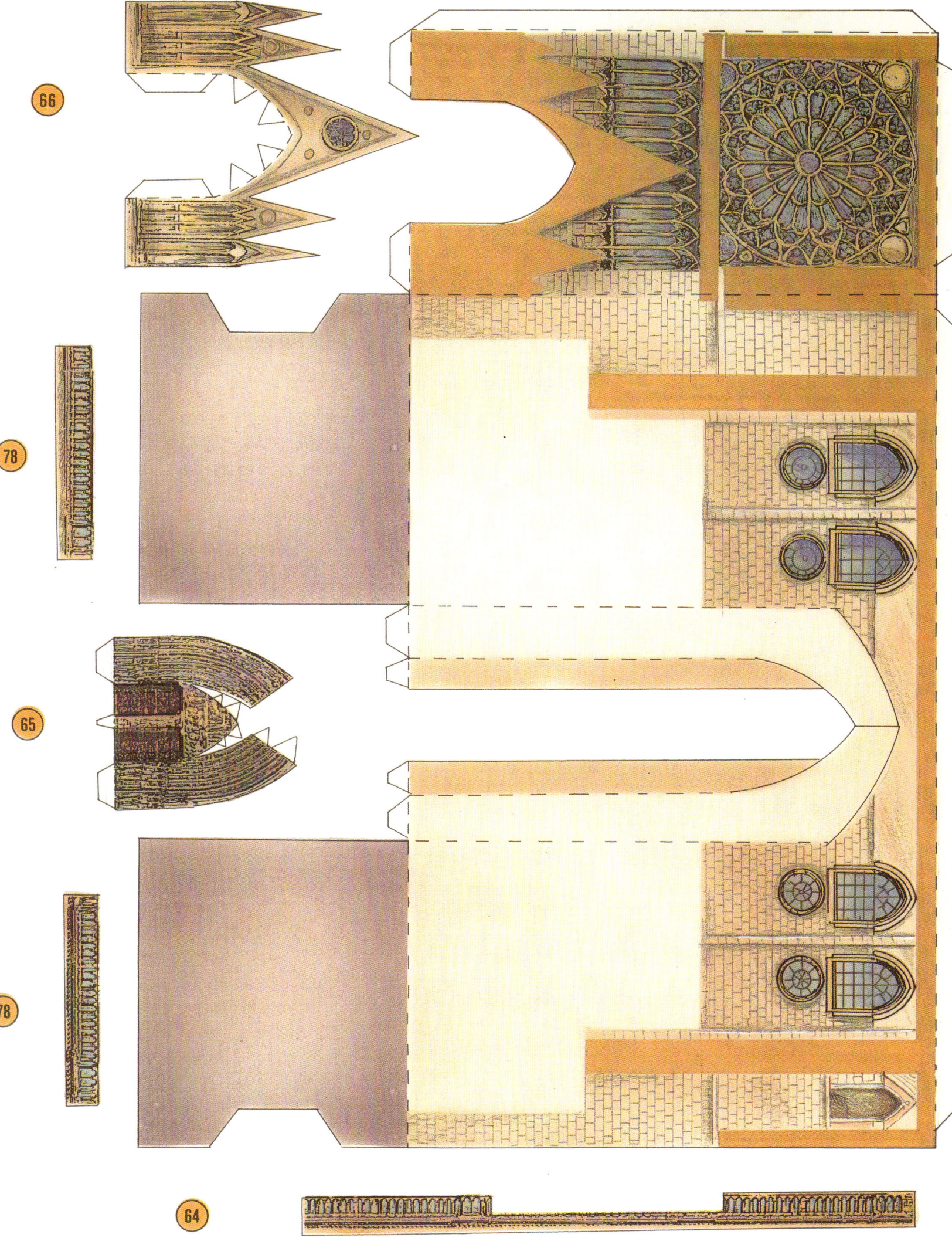

66

78

65

78

64

76

32

33

2

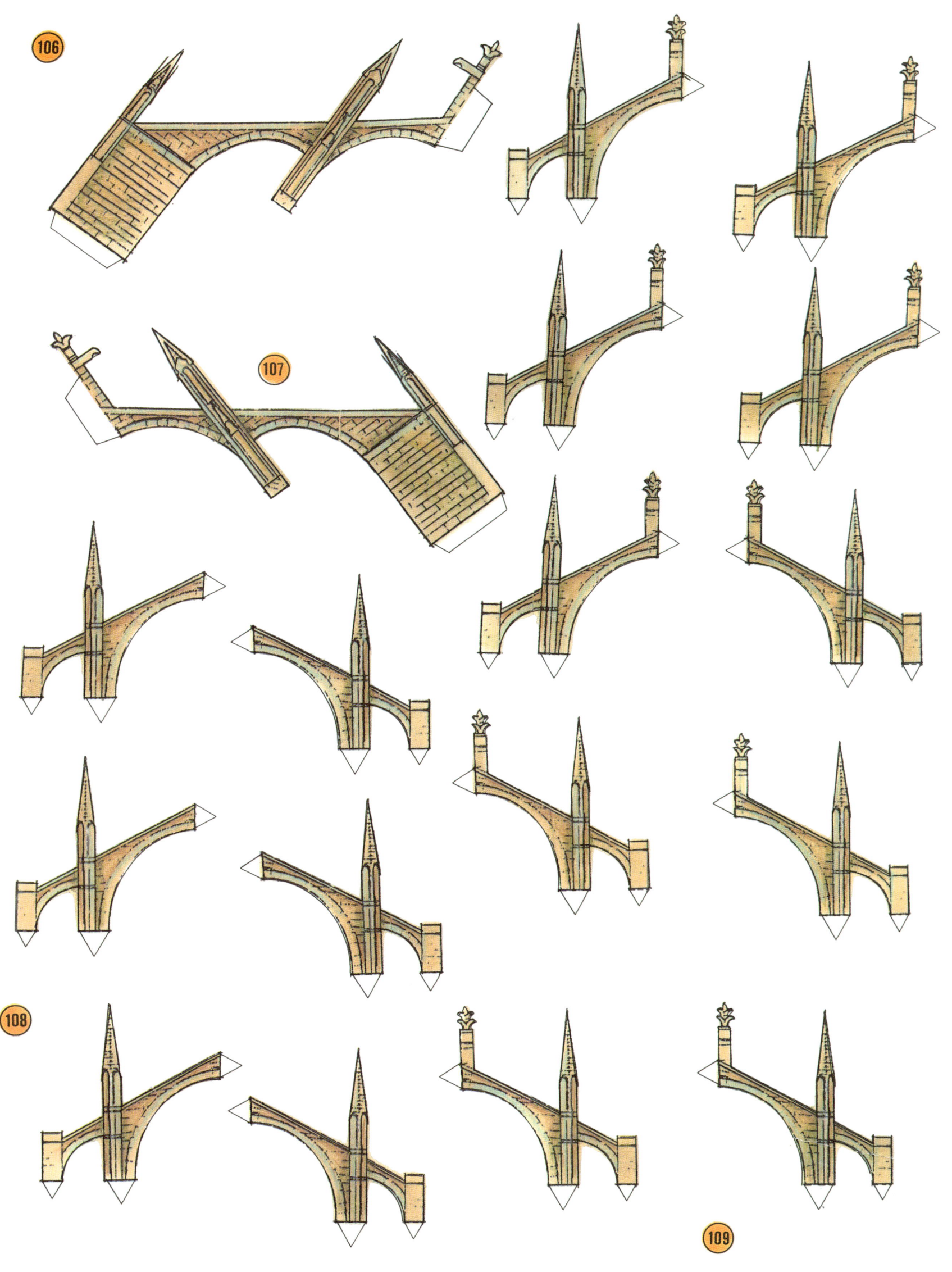

106

107

108

109

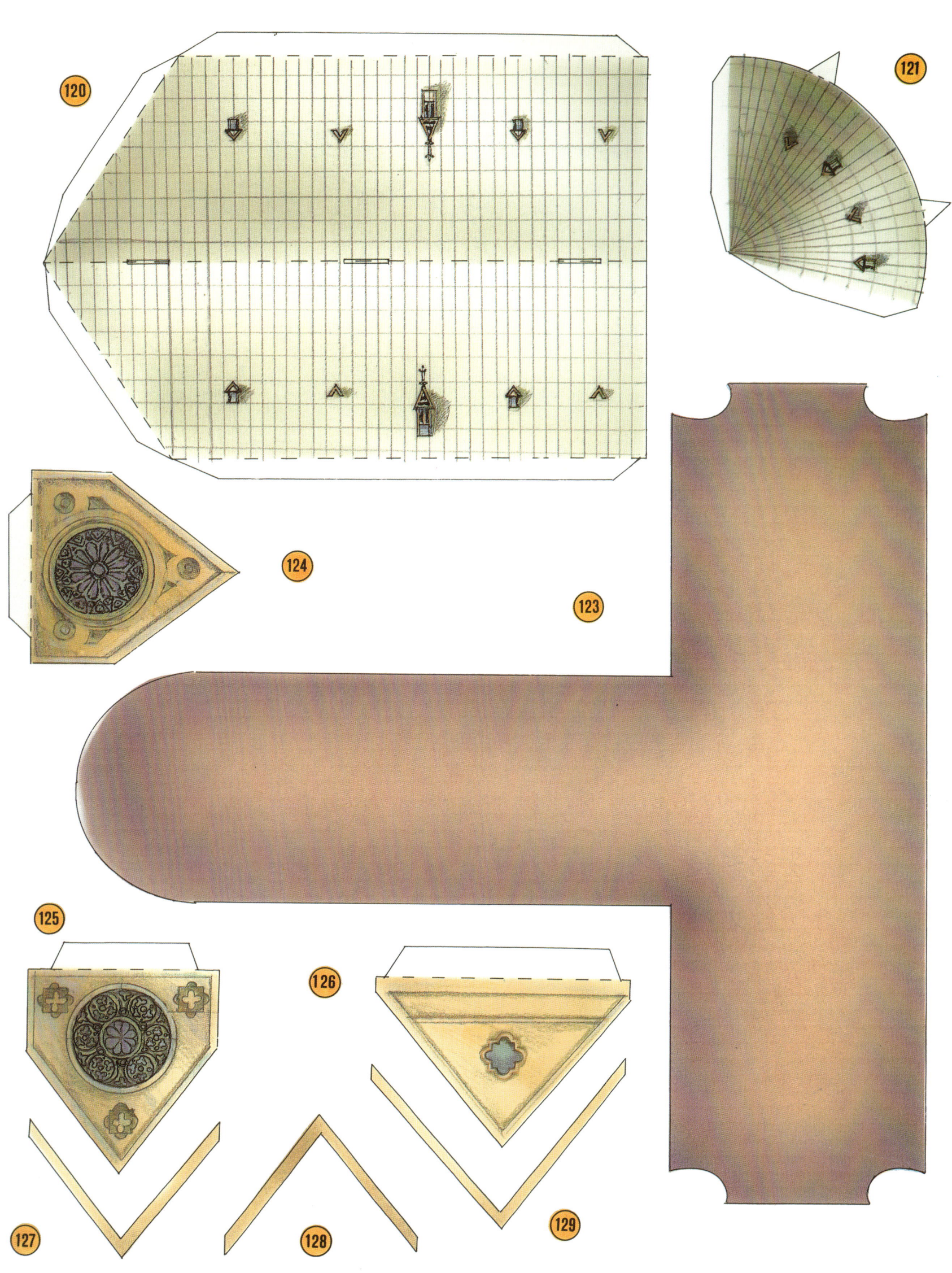

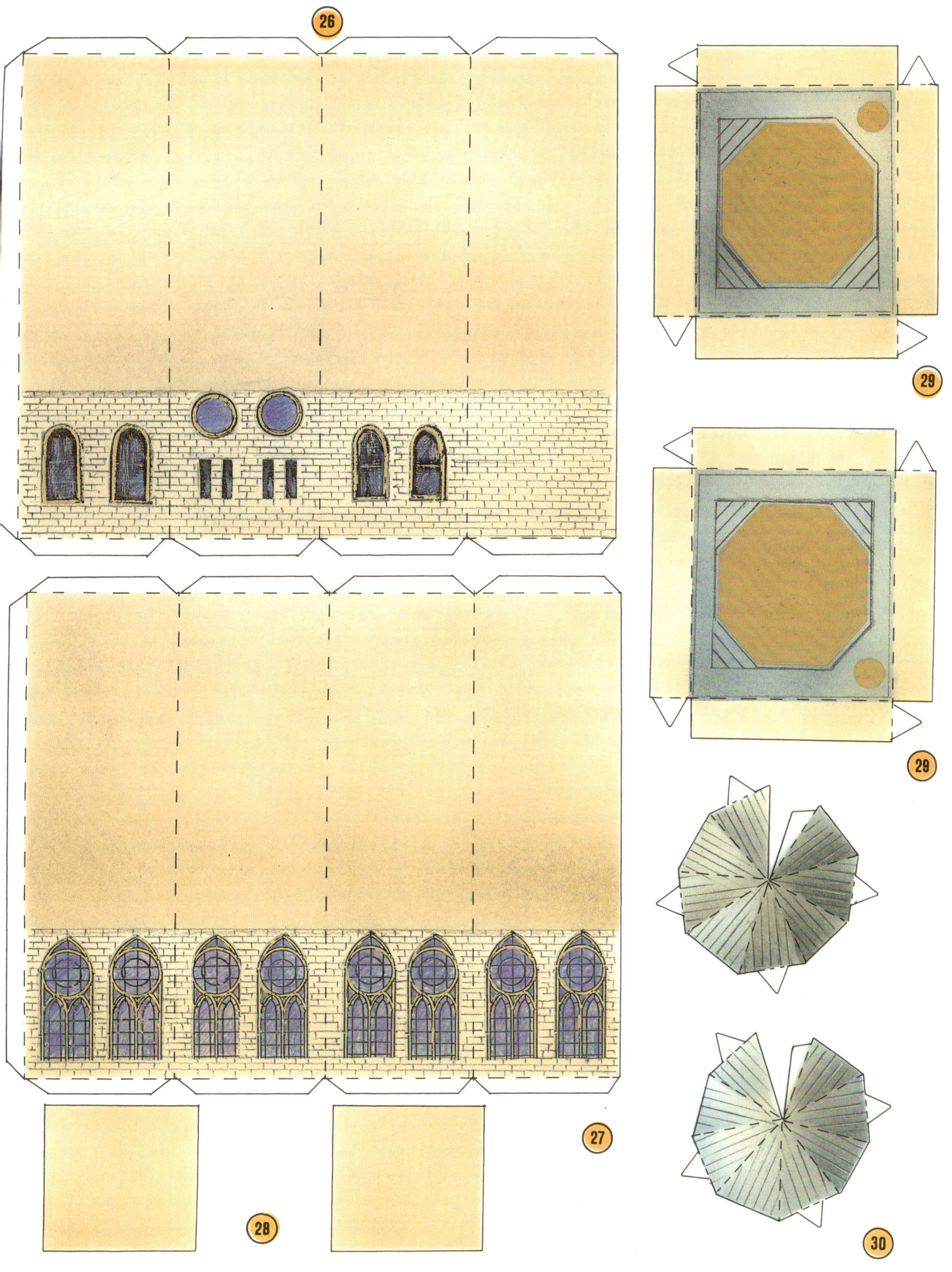

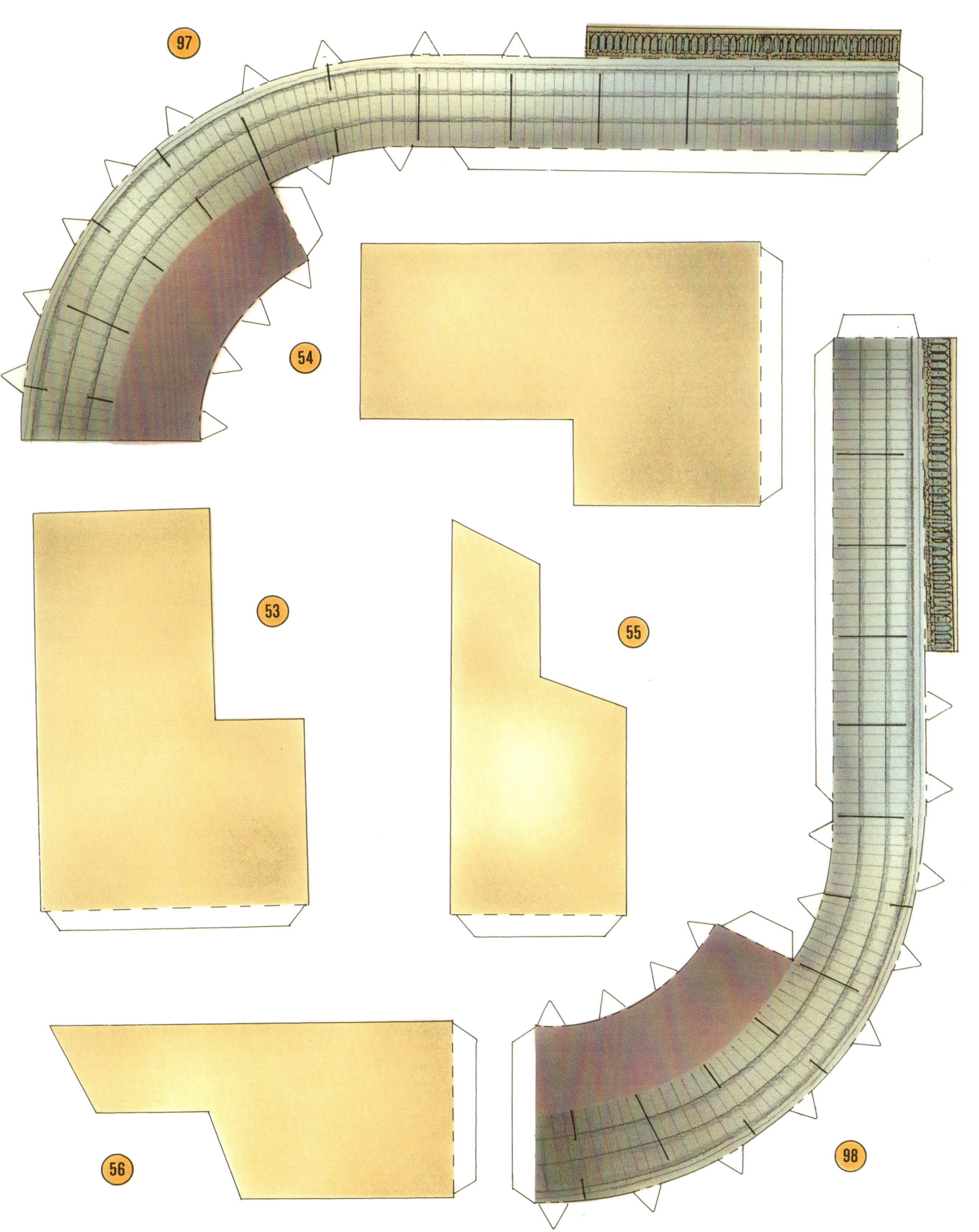

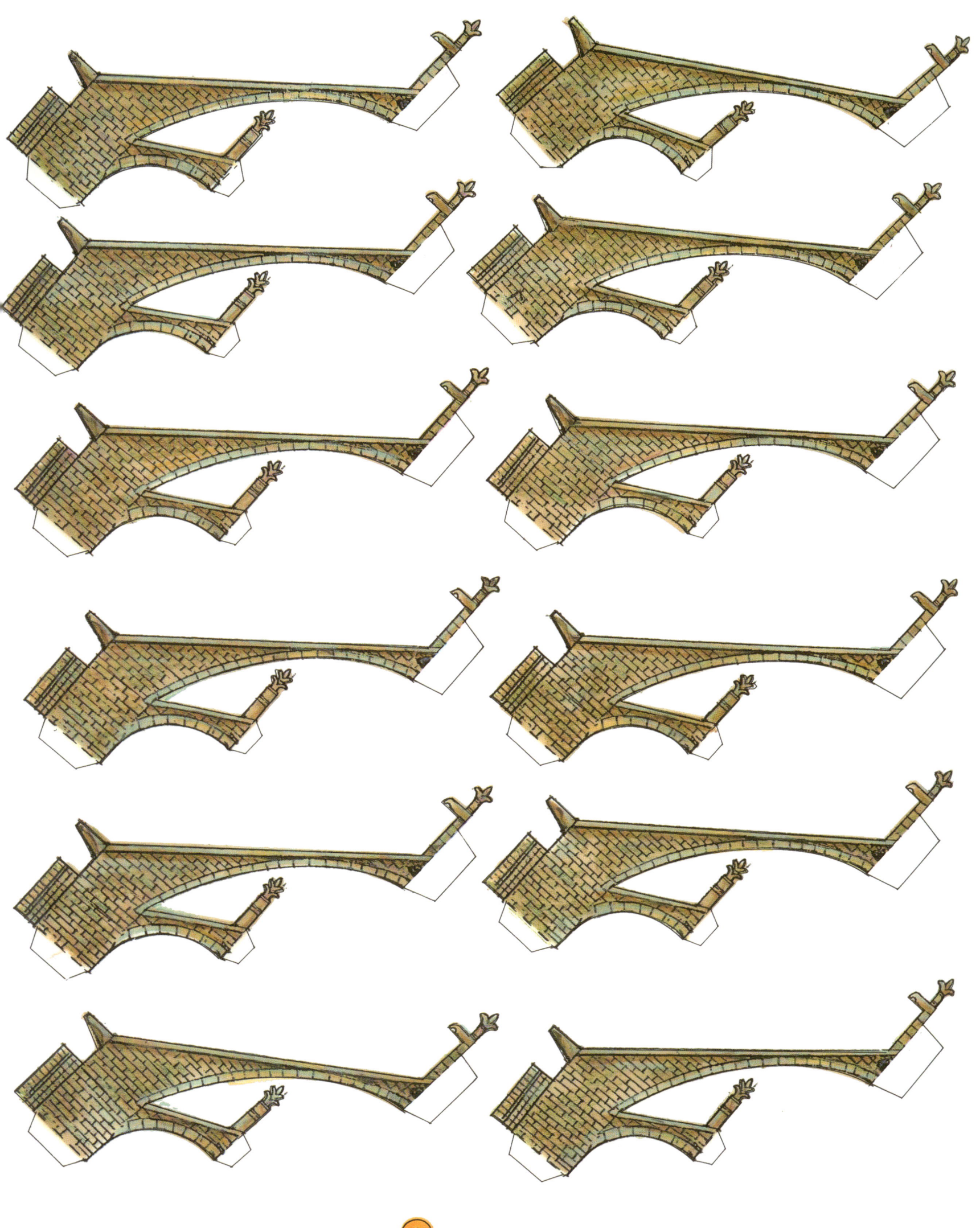

58

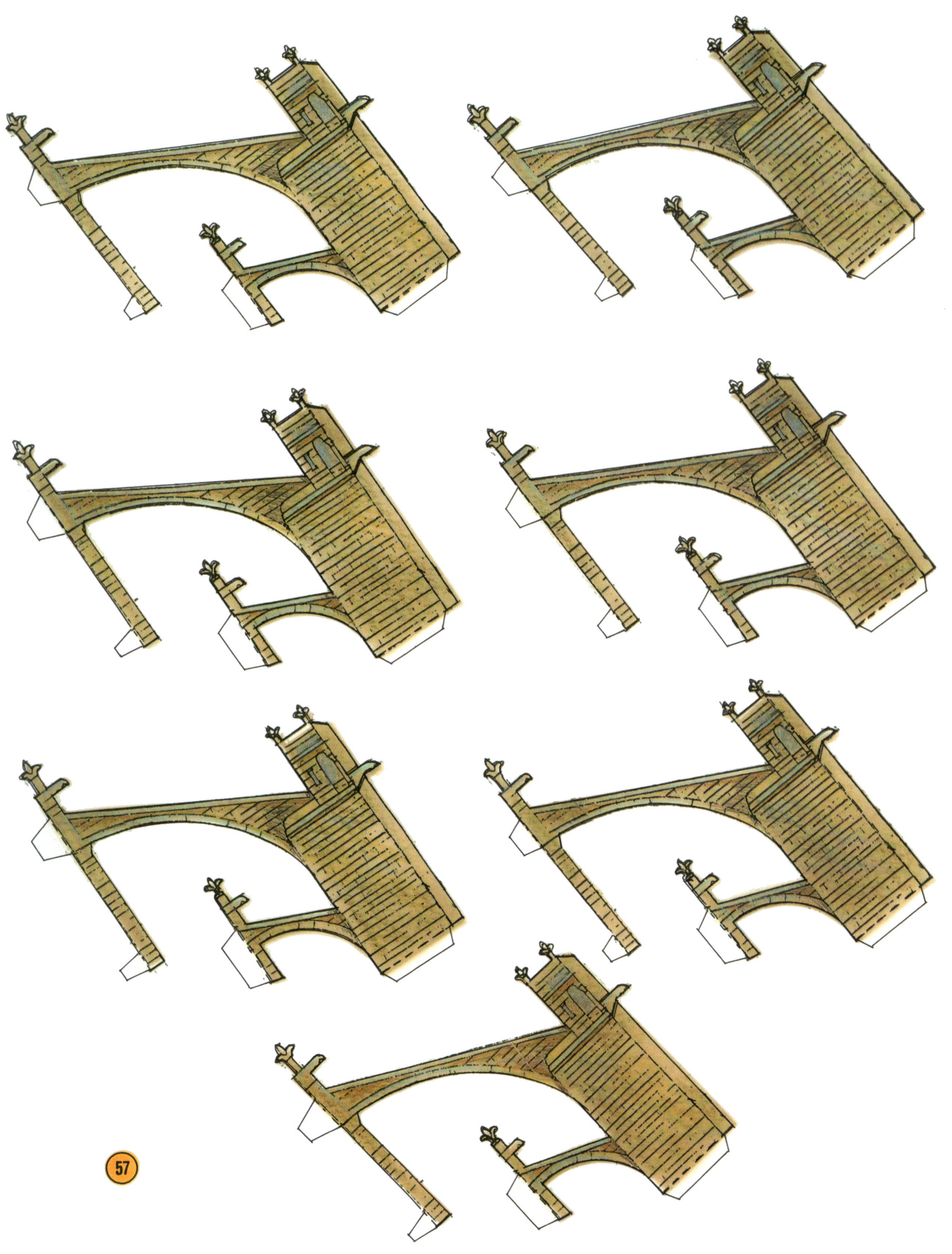

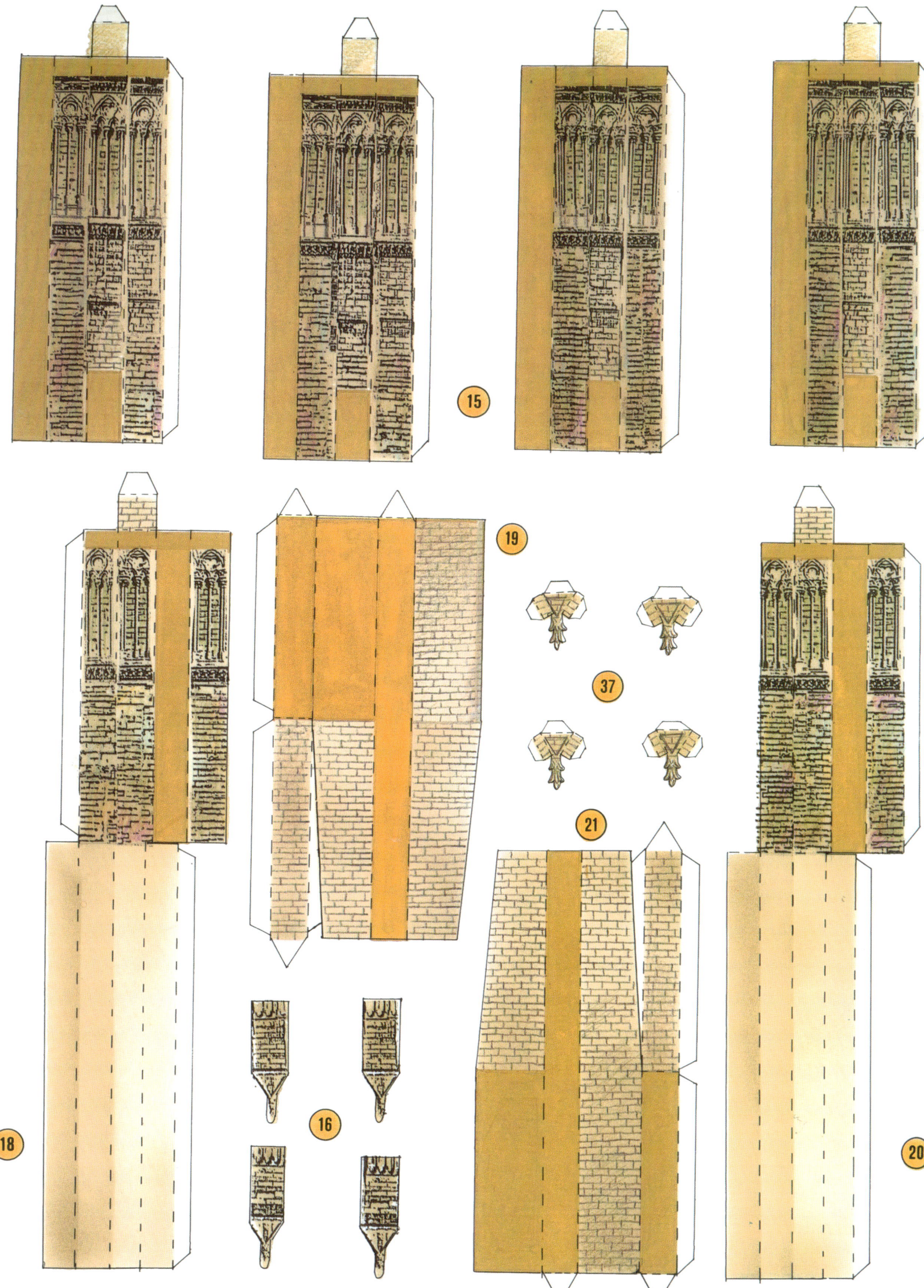

15

19

37

21

18

16

20

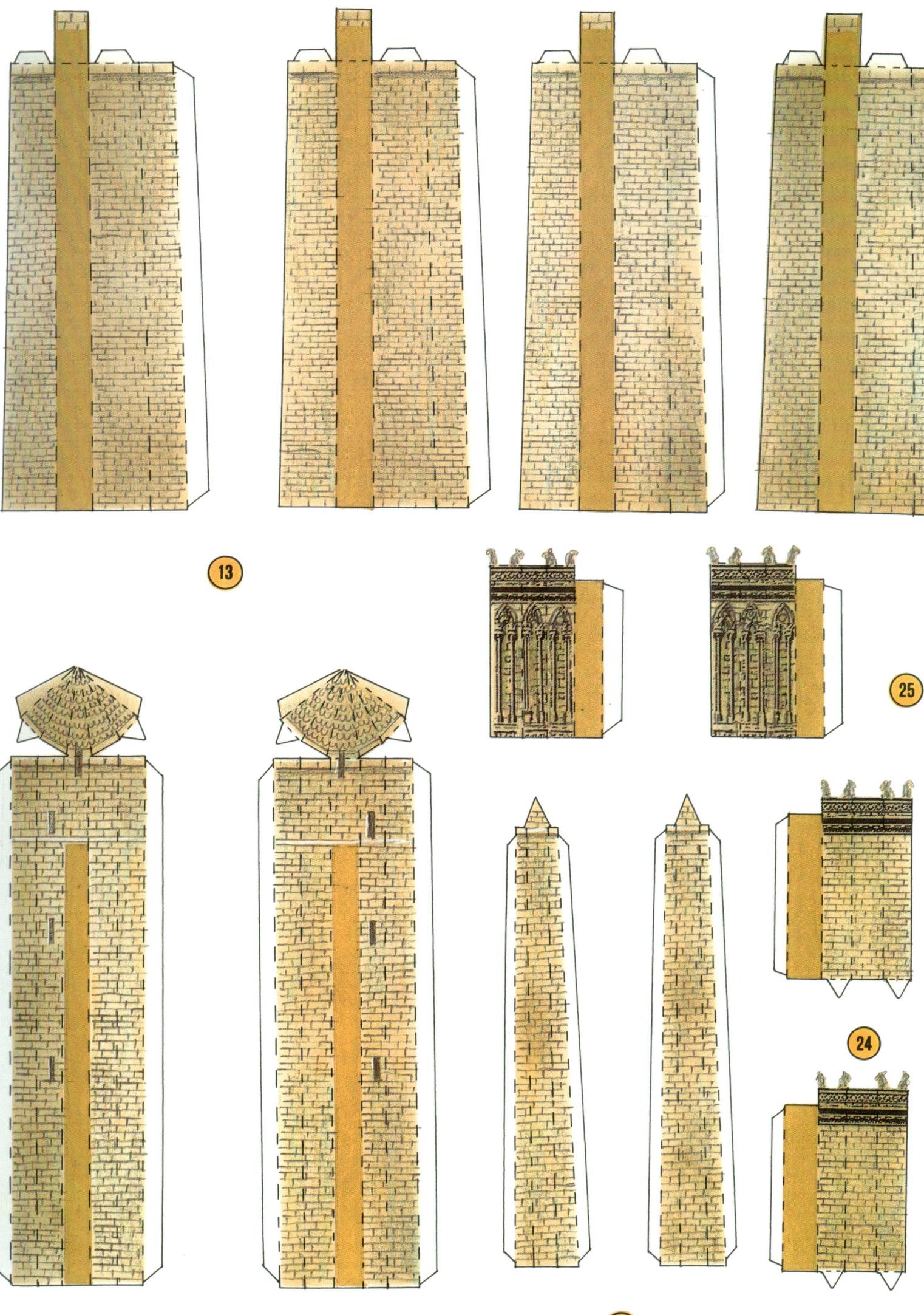

13

25

11

12

24

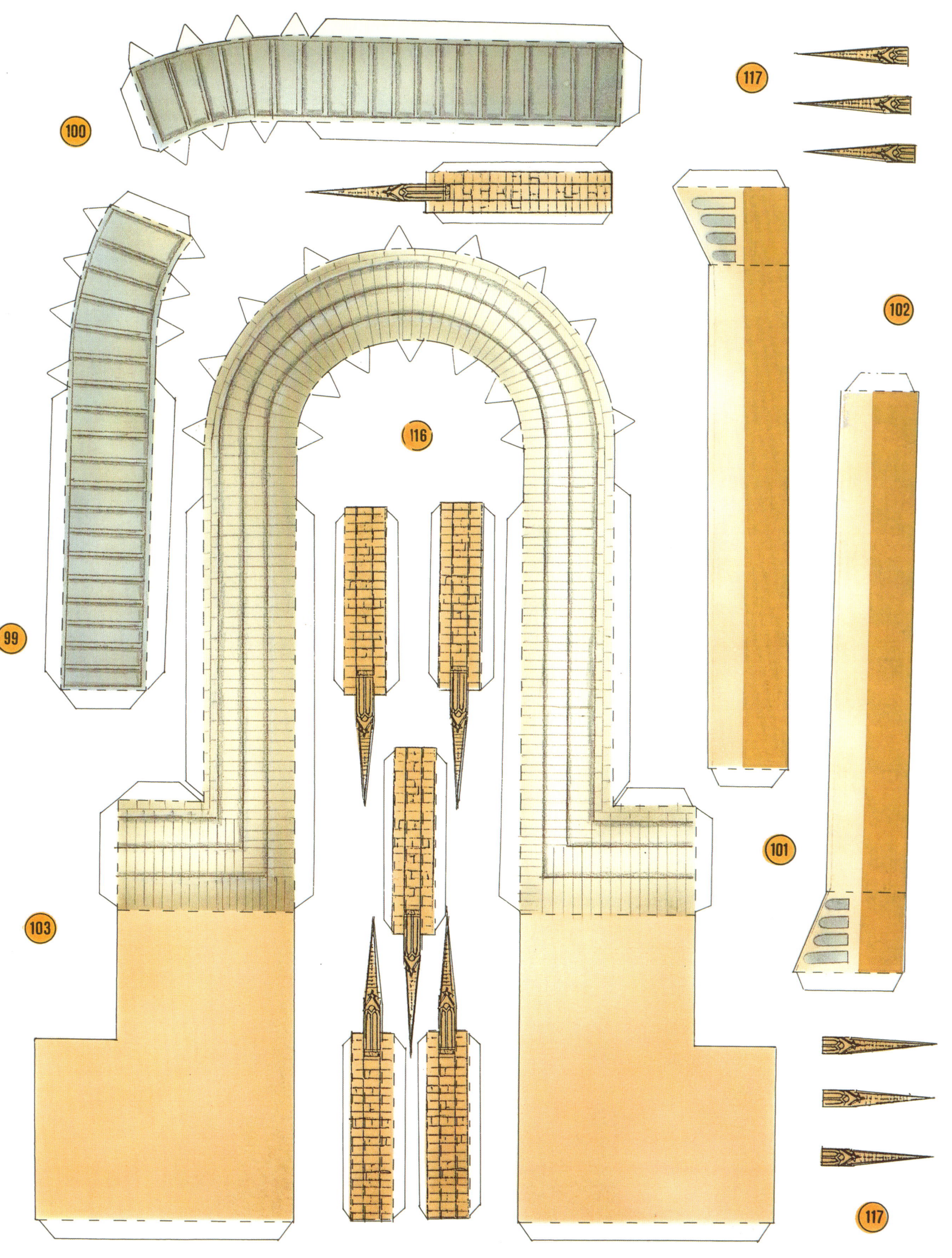

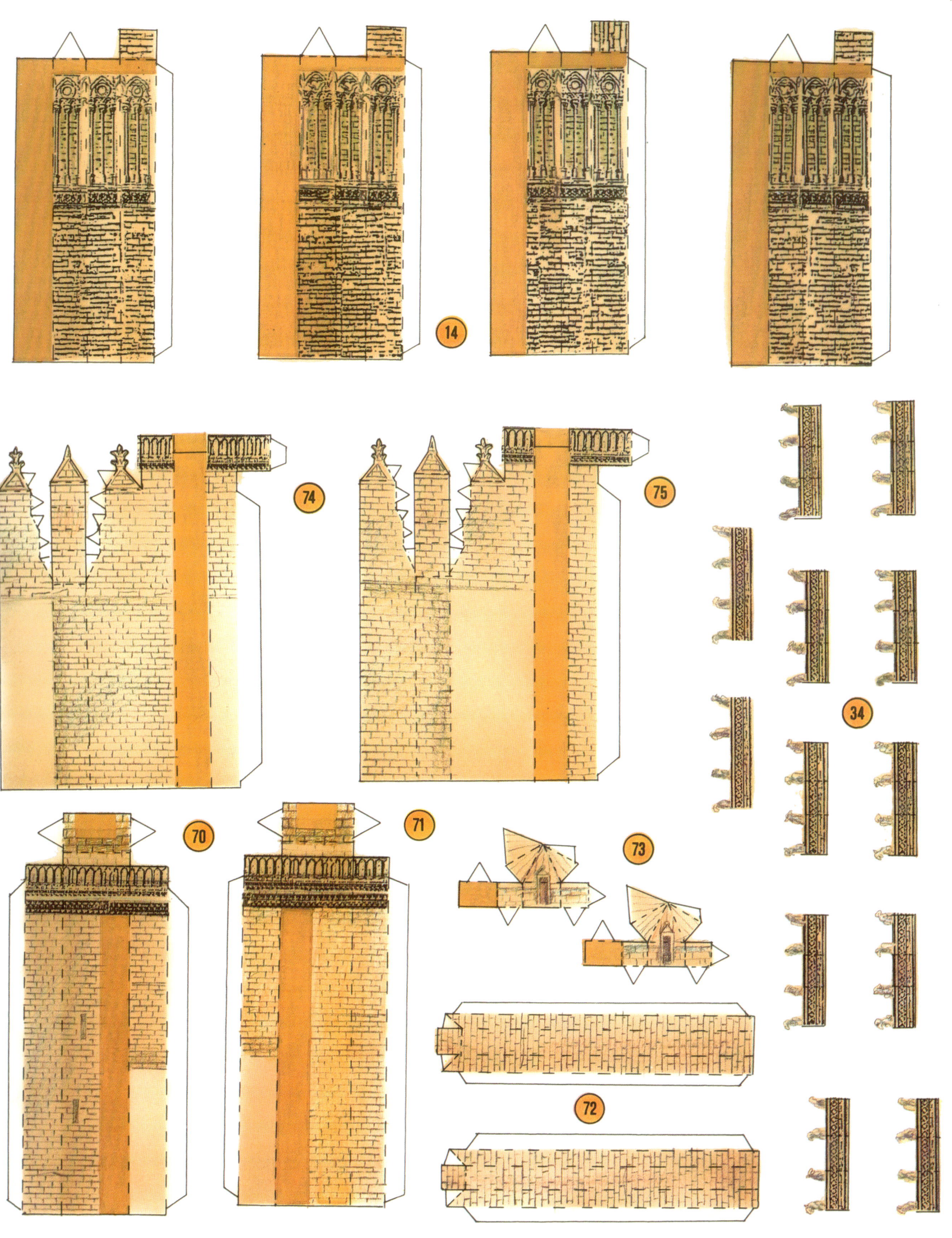

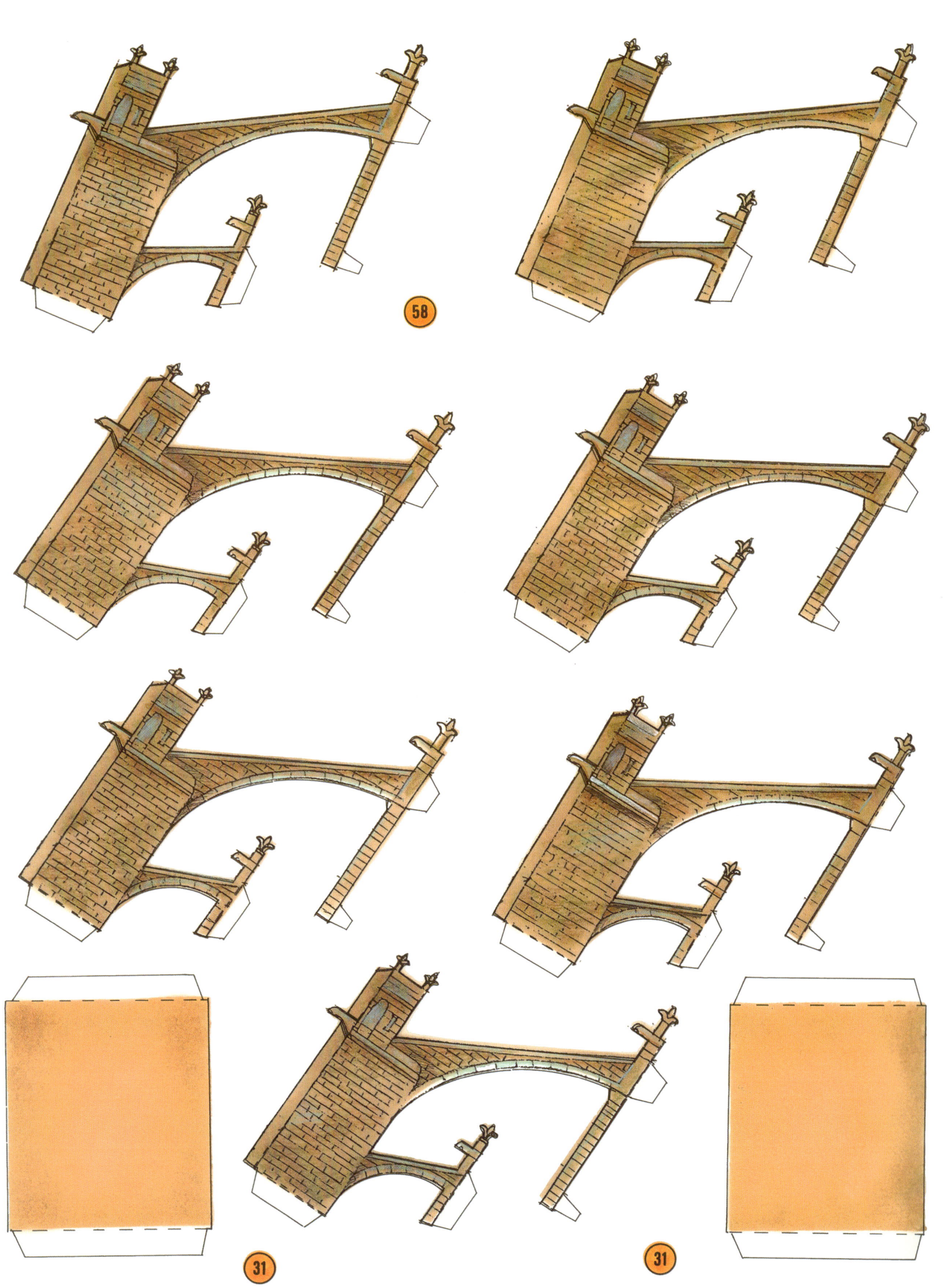

58

31

31

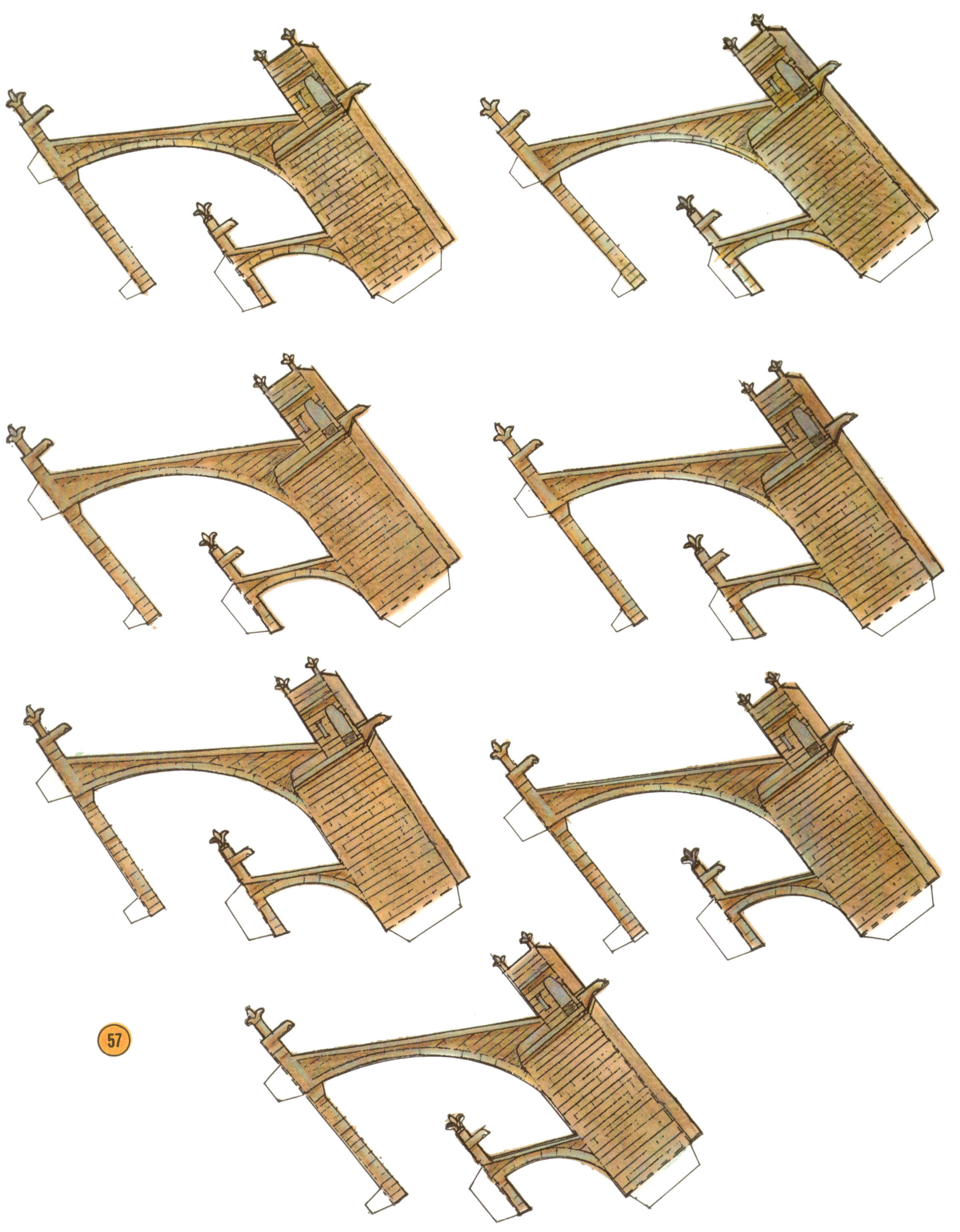

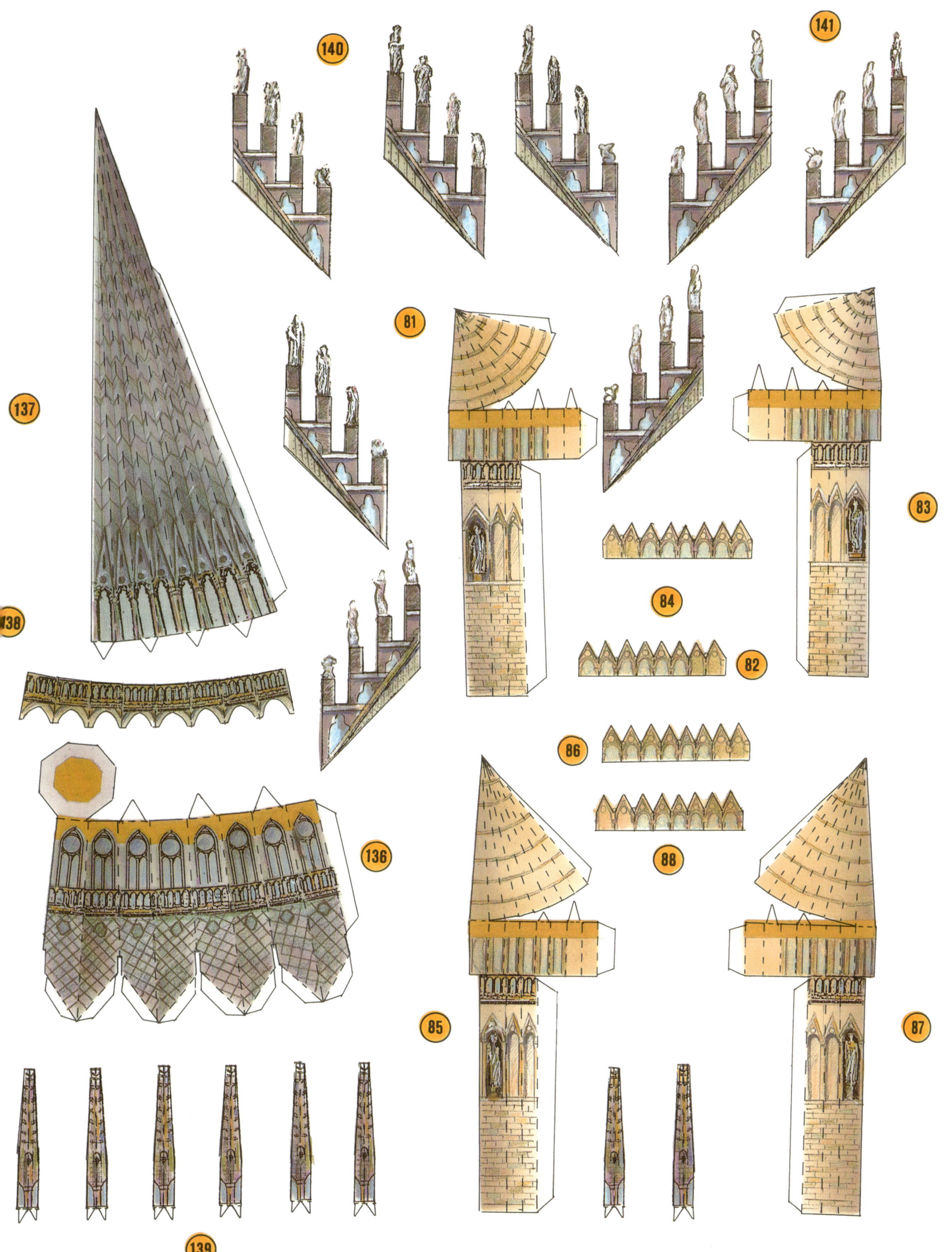

6

35

79

36

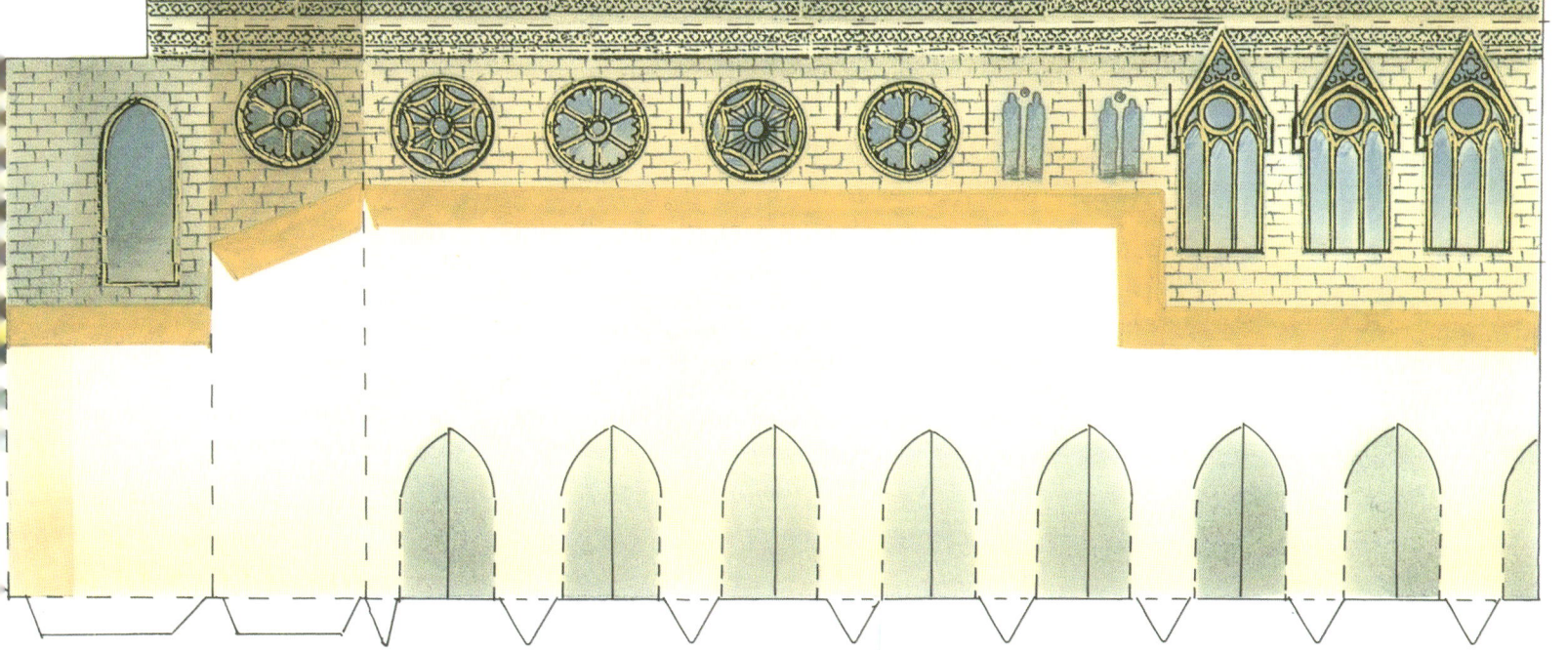

92

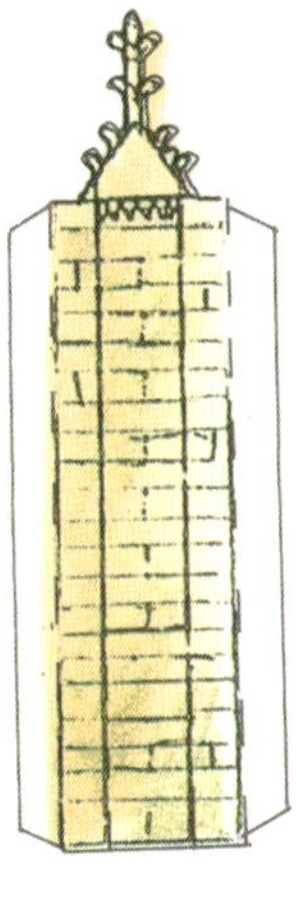

60

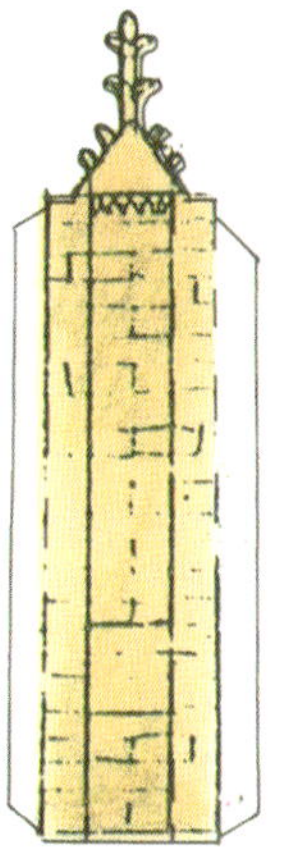

93

94

39

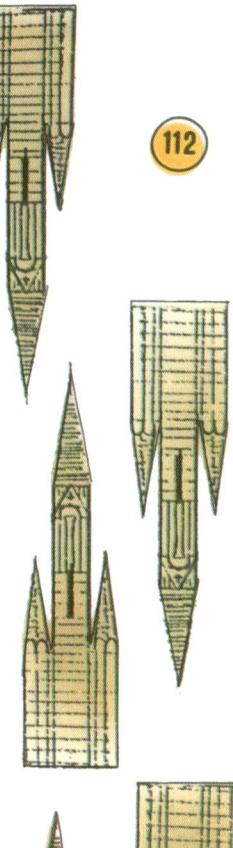

112

40

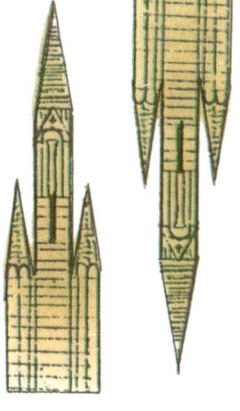

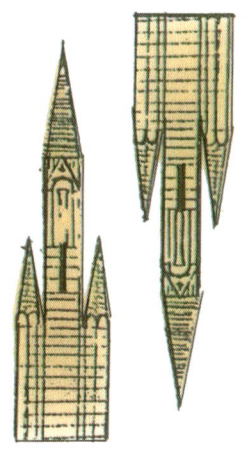

41

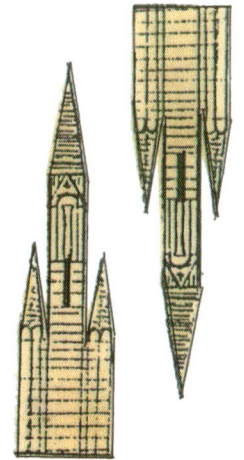

42

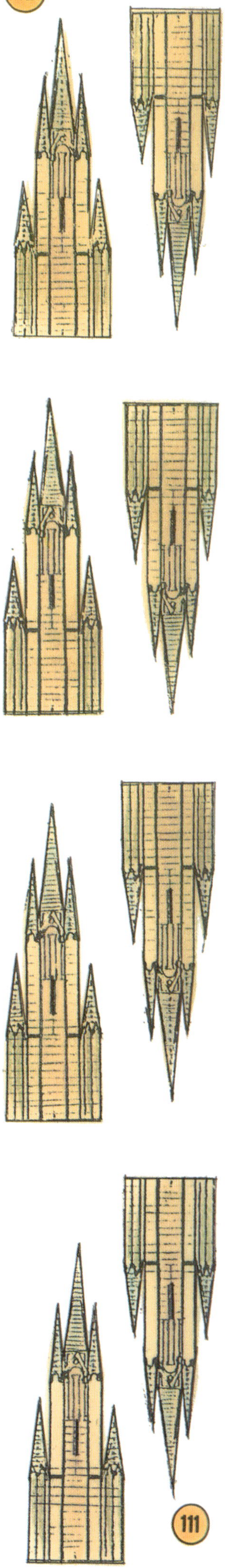

43

44

111

110

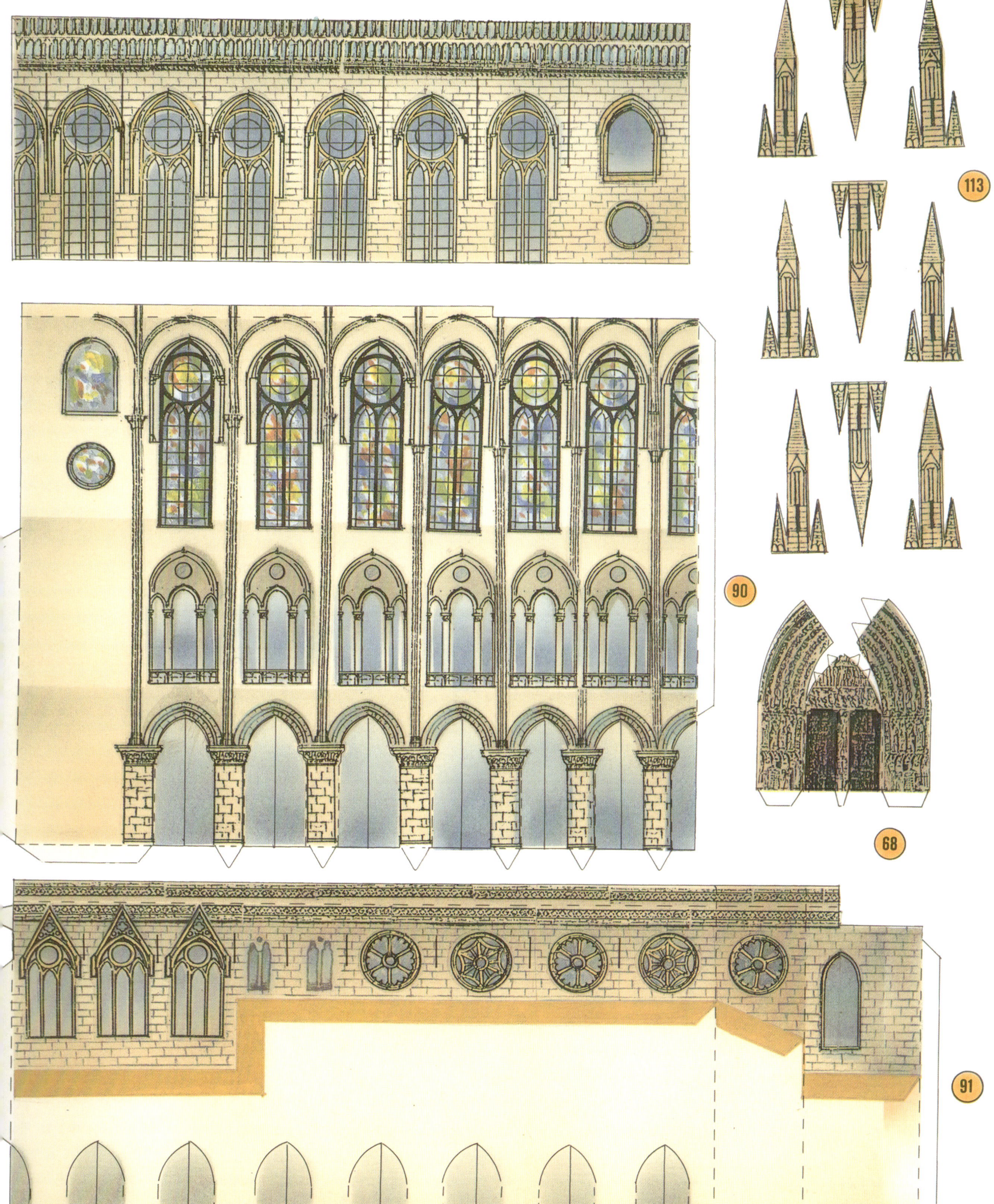

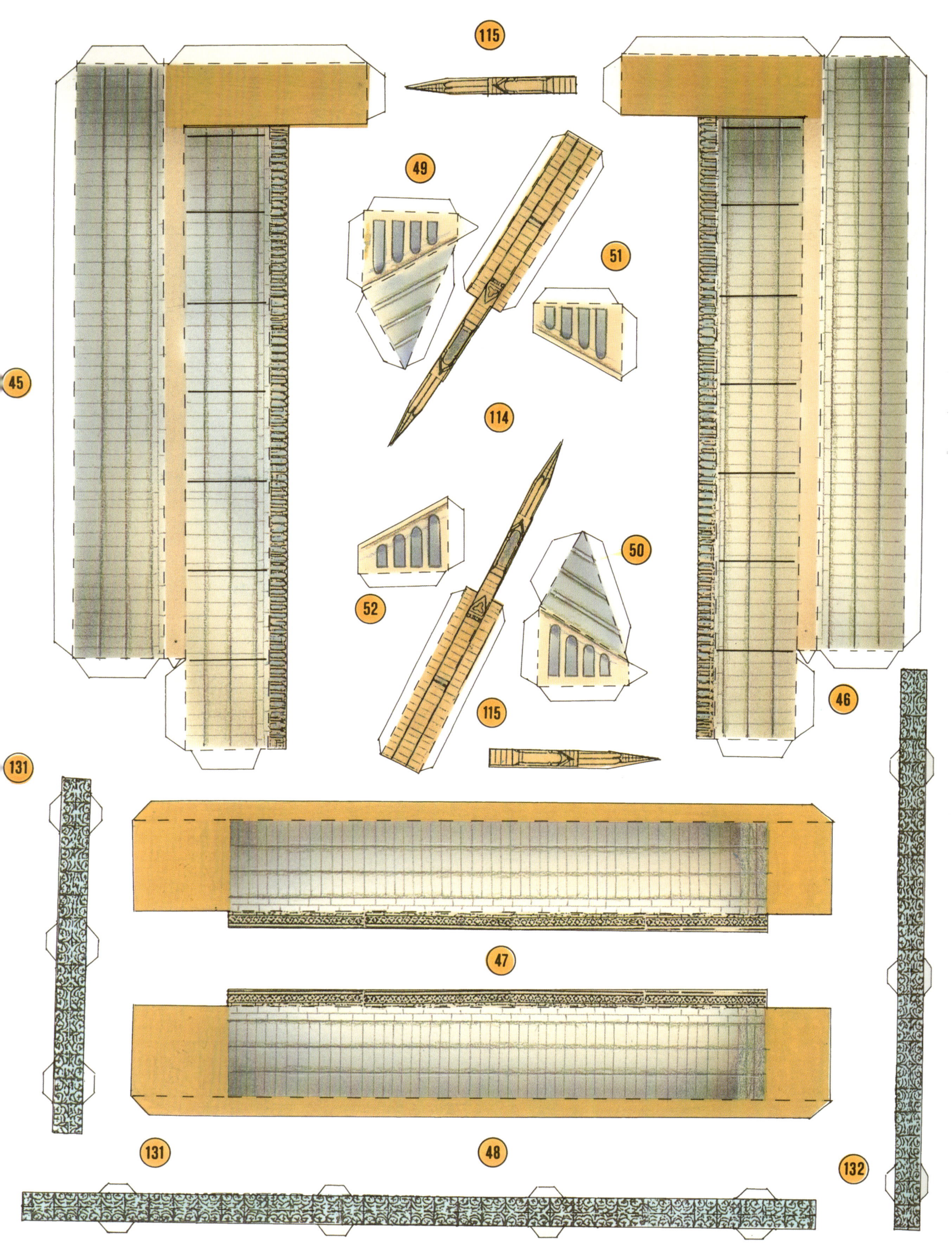

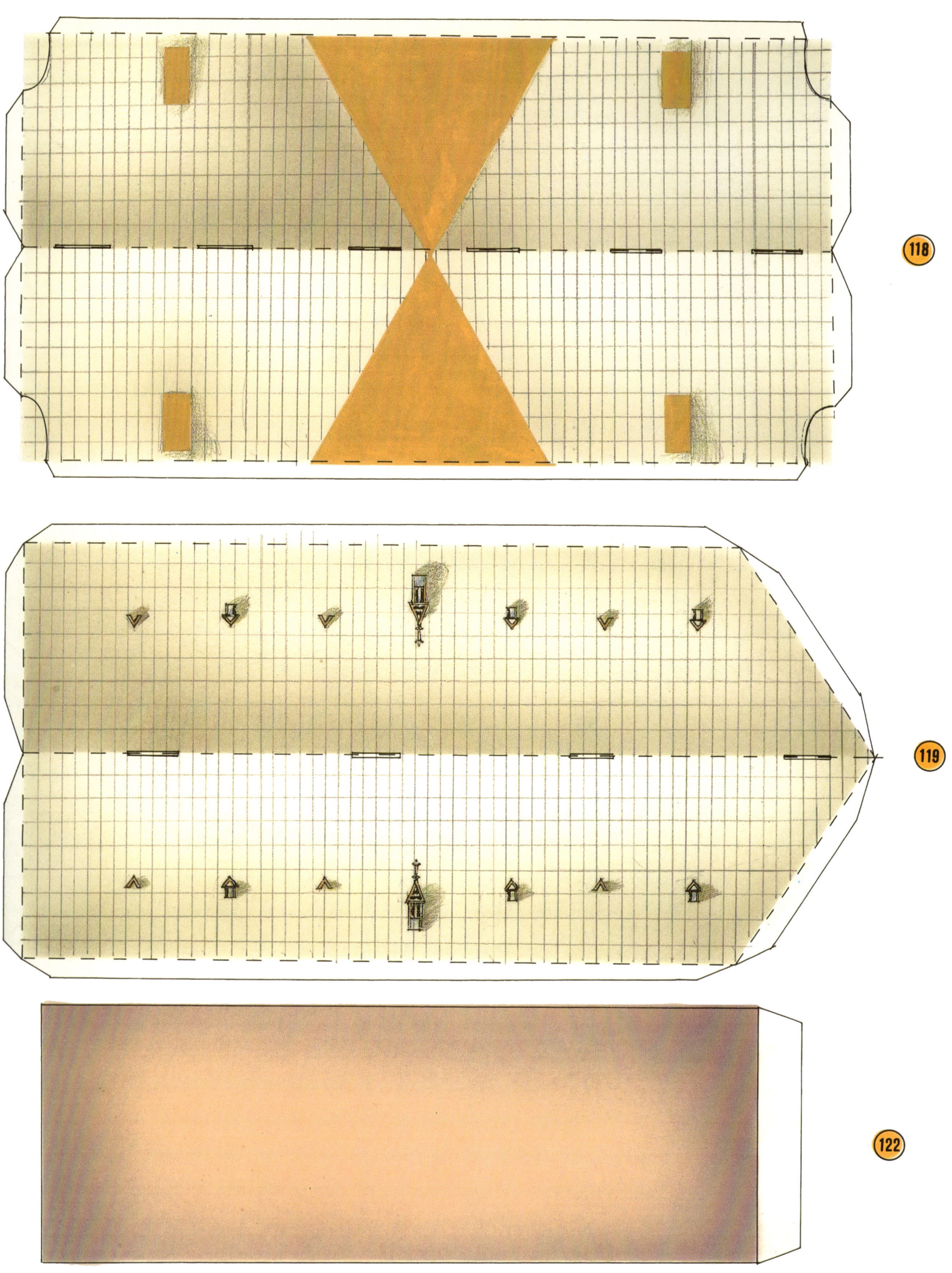

118

119

122

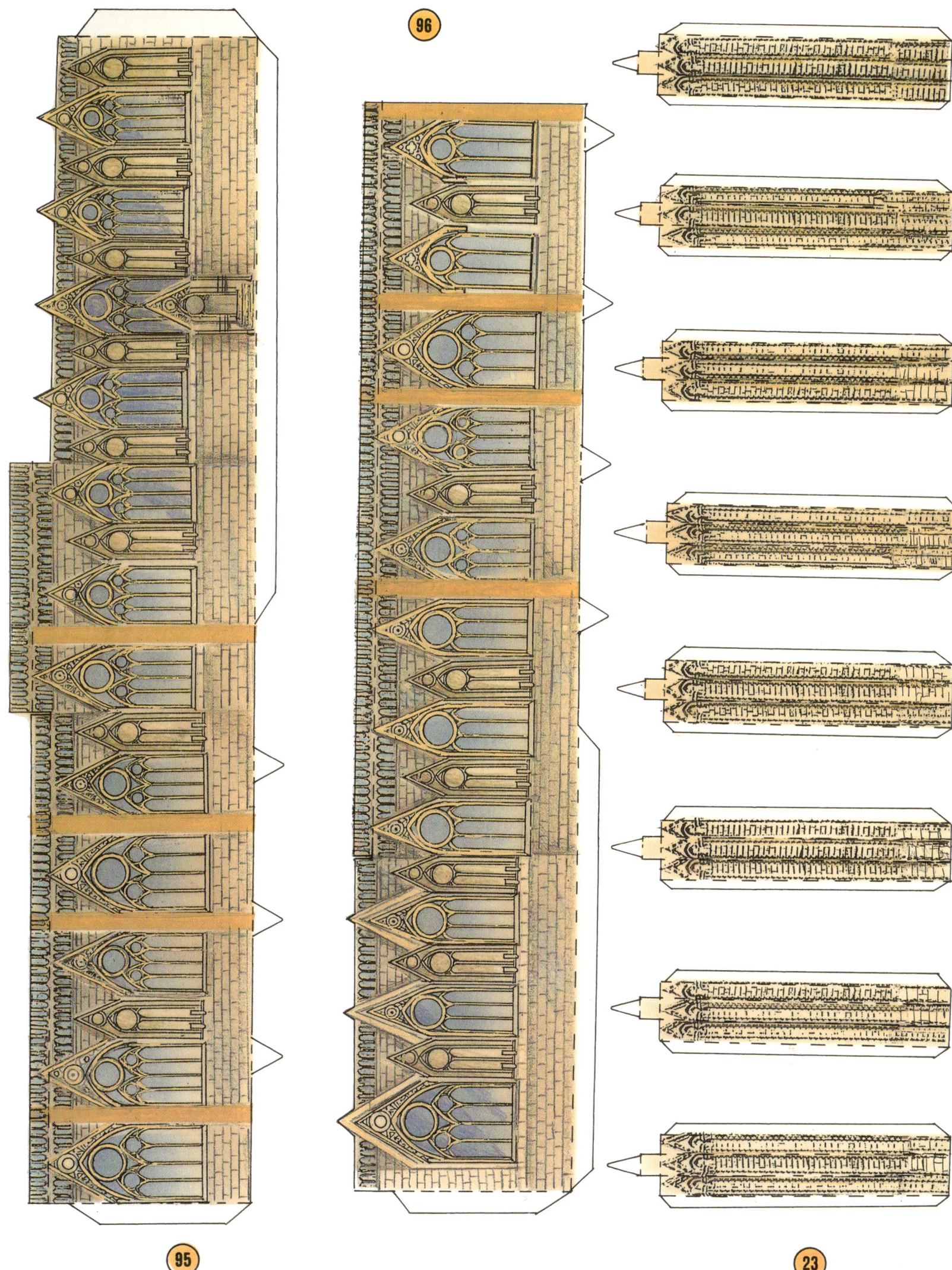

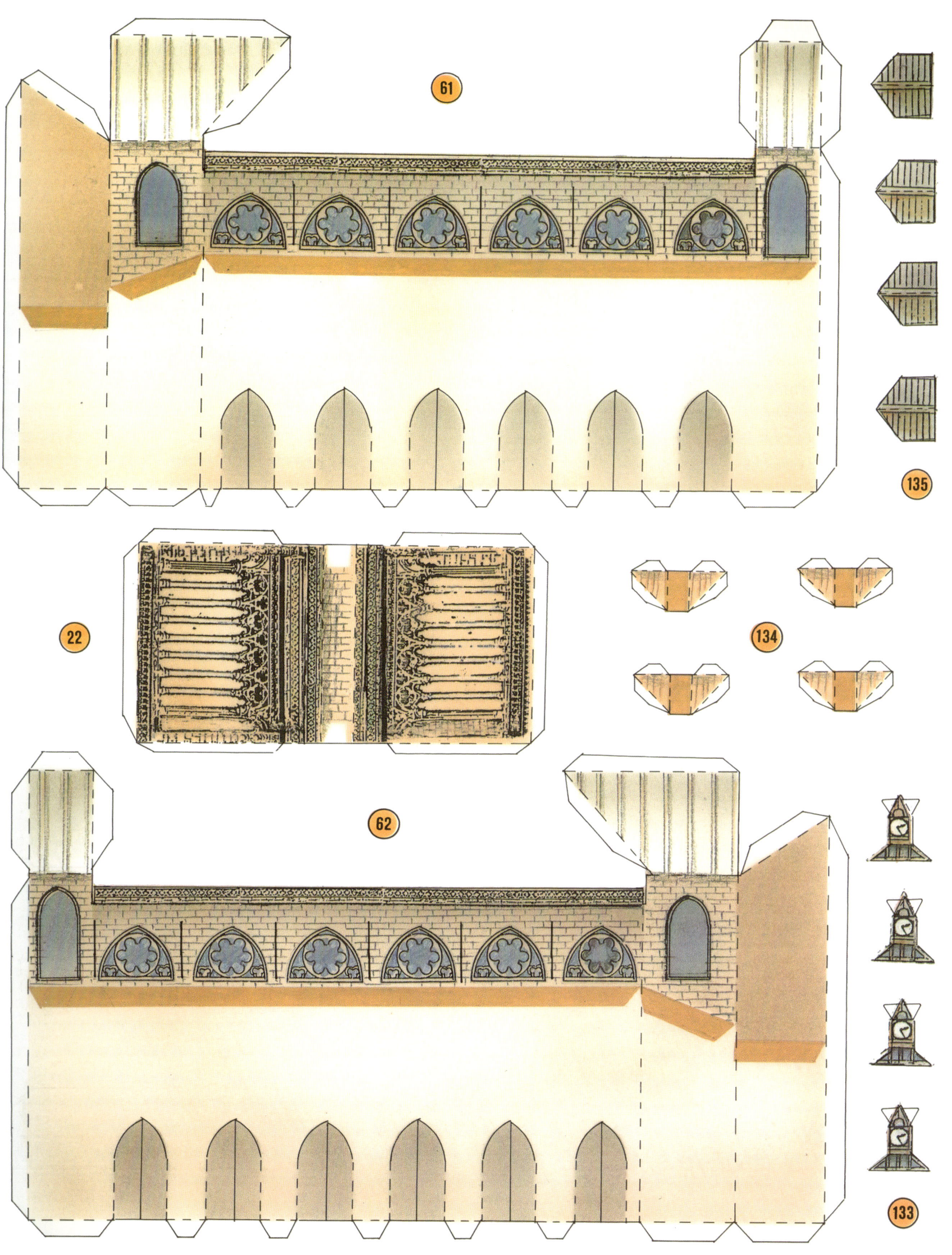

3

59

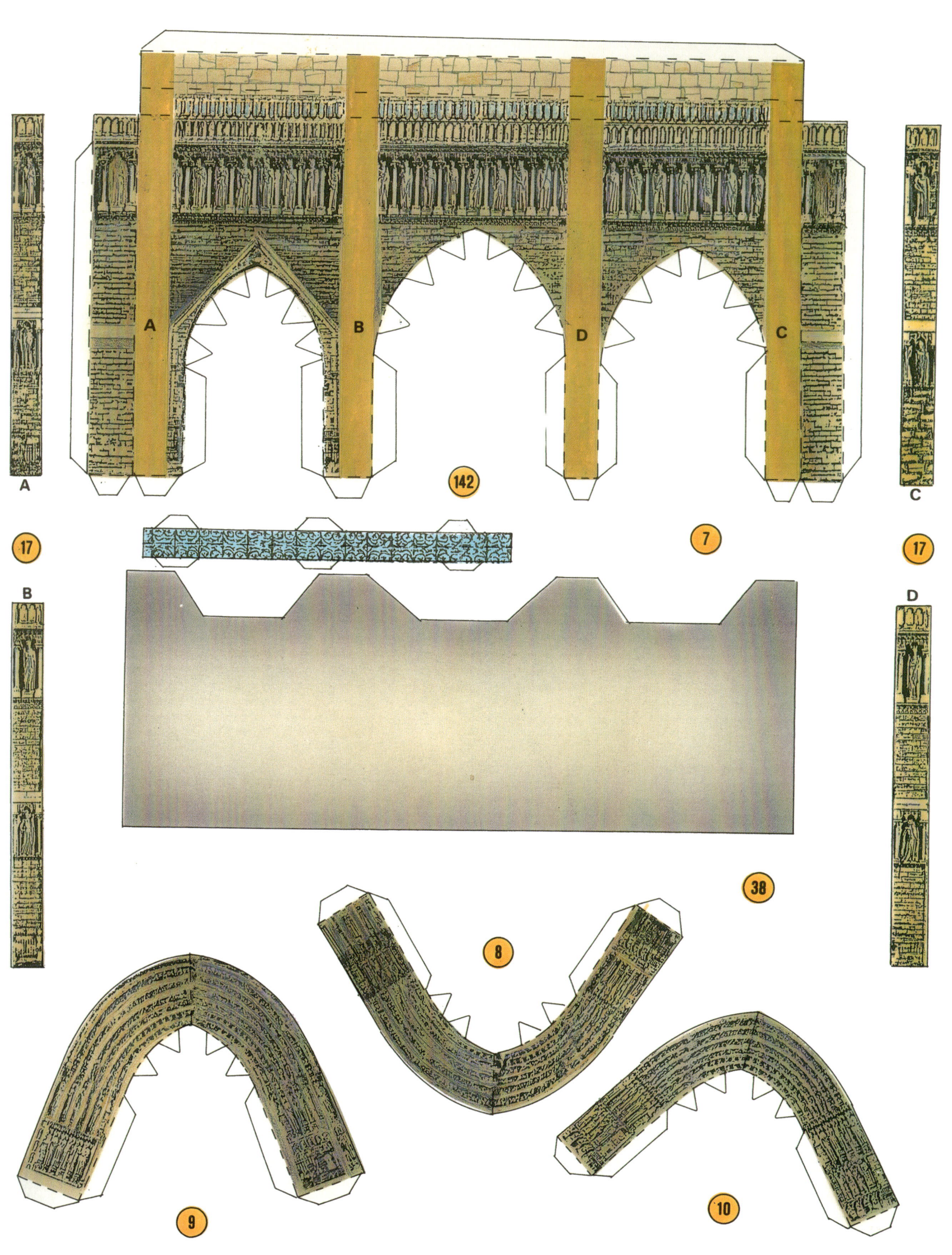

A

17

B

142

7

17

C

D

38

9

8

10

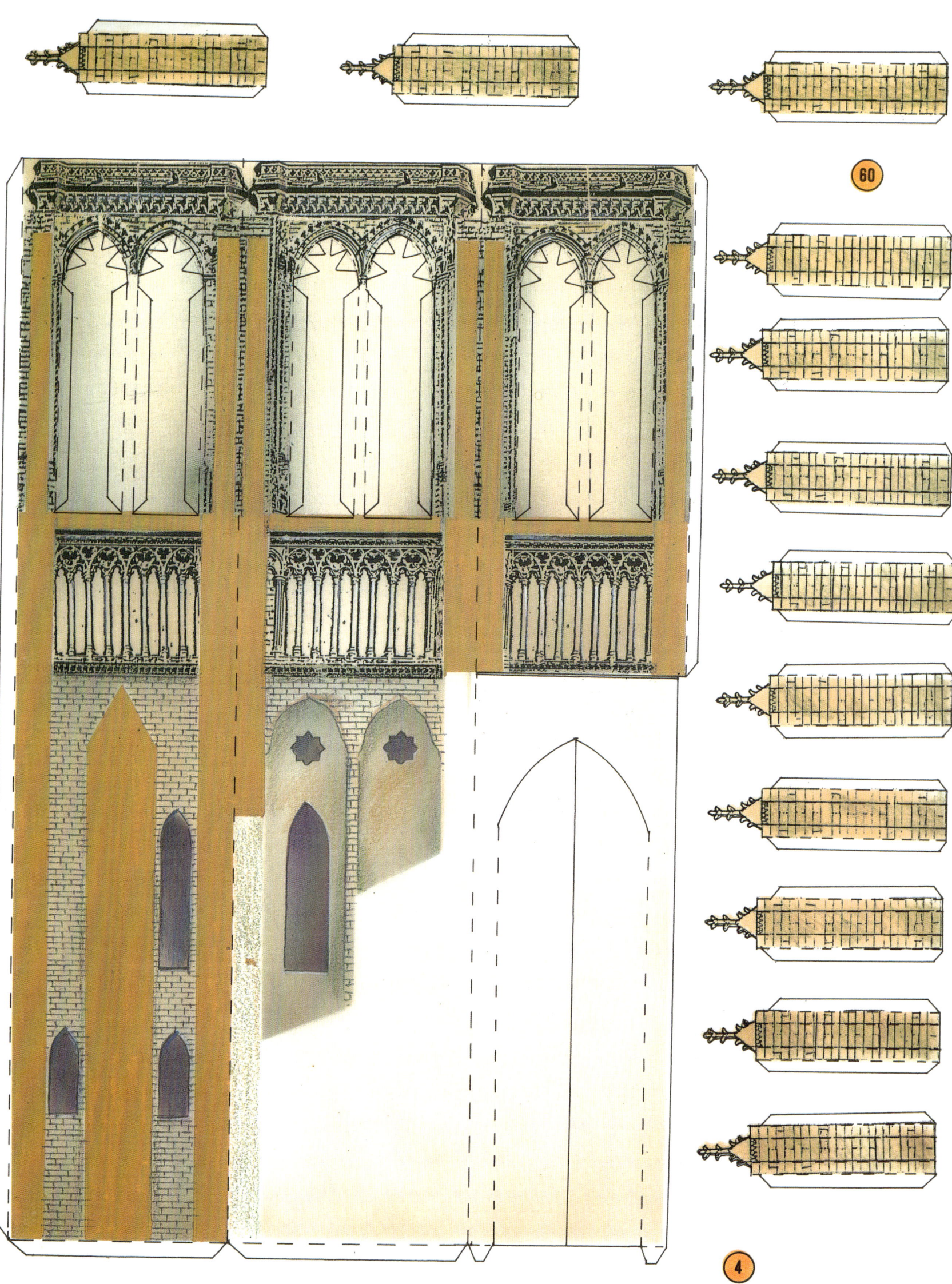

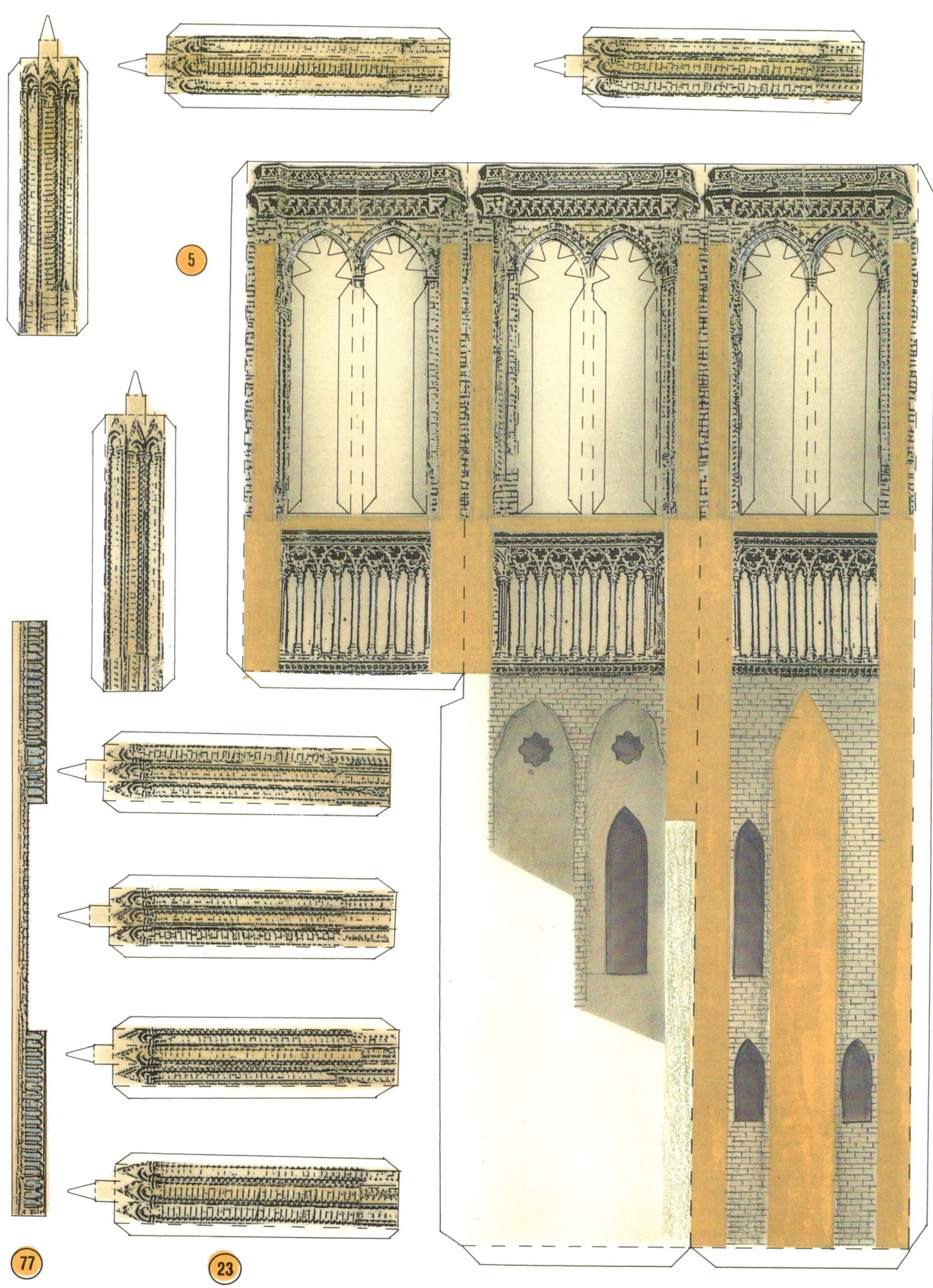

5

77

23